Nico-Anzeiger

Bestechende Geschenke

Eine Auswahl von über 210 der besten, im Tages-Anzeiger erschienenen Karikaturen von Nico zum aktuellen Zeitgeschehen

BESTECHENDE GESCHENKE

Bestechende Geschenke
Nico-Karikaturen aus dem Tages-Anzeiger

Herausgeberin: TA-Media AG, Zürich
Koordination: Ralph Hermann

Editorial: Milena Moser

Text: Hans K. Studer
Konzeption, Gestaltung und DTP: Bruno Kümin und Walter Kümin

1. Auflage 1996
Copyright 1996 by TA-Media AG, Zürich

Technische Herstellung:
TA-Media AG Druckzentrum, Zürich
Printed in Switzerland
ISBN 3-85932-208-7
Vertrieb: Werd-Verlag

Was ich über Nico zu schreiben weiss, was nicht schon ein anderer geschrieben hat.

Von Milena Moser

Um es gleich zu sagen: es gibt nichts, was ich über Nico zu schreiben wüsste, was nicht schon ein anderer geschrieben hat. Deshalb werde ich Geschichten erzählen. Zum Beispiel, wie ich ihn einmal zum Lachen brachte: als ich ihn mit «Sie» anredete. Anekdoten. Eine Menge davon kannte ich, bevor ich den Mann dazu kennenlernte. Legenden. Wie er immer im letzten Augenblick... aber dann doch... per Fax aus Nizza... zwischen zwei Gängen eines Diners... fünf Minuten vor Redaktionsschluss und das Blatt noch weiss. Noch nie, so geht die Sage, habe er einen Abgabetermin verpasst. Das geht doch nicht mit rechten Dingen zu! Nicos Arbeitsmethoden sind, um das Wenigste zu sagen, unschweizerisch. Hier wird so grosser Wert darauf gelegt, dass die Anstrengung, die mit einer Arbeit verbunden ist, schön sichtbar gemacht wird. Schweiss und Tränen will man sehen, sonst kann es doch nichts Rechtes sein. Die Leichtigkeit, mit der jemand wie Nico (scheinbar) funktioniert, ist verdächtig. Ausserdem kommt und geht er, wie er will. Lebt am sonnigen Mittelmeer, beinahe in Sichtweite der Monacoprinzessinnen. Savoir vivre! Glas mit Wein und Sonnenuntergang, man sieht es direkt vor sich, während hier die zehn Monate dauernde graue Jahreszeit angebrochen ist. Trägt edle Jacken. Fährt einen Amerikaner ohne Dach (wenn er ihn nicht kürzlich zu Schrott gefahren hat, da bin ich nicht auf dem neusten Stand), wird in der Kronenhalle bevorzugt bedient und braucht jede Nacht nur zwei Stunden Schlaf. Kurz, ein Mann, den man hassen müsste. Das Gegenteil ist der Fall.
Ich wüsste zu gerne, wie er das macht.
Bis jetzt habe ich noch niemanden getroffen, der Nico nicht mag. Ach doch, der Mensch, der ihm ein anonymes Schreiben mit dem Inhalt NIGGER GO HOME (zwanzig Mal wiederholt) zuschickte. Der mag ihn vermutlich nicht besonders. «Nico» schreibt man doch gar nicht mit zwei «G», kommentierte der Betroffene trocken. Im Weiteren versucht er nicht zu tun, als sei er jemand anderes. Diese ebenso verbreitete wie verlogene Haltung «Kein Grund, neidisch zu sein! Ich habe eigentlich gar kein Geld und schon gar keinen Spass am Leben!» ist ihm eindeutig zu blöd. Nico ist ehrlich, auch wenn er keine Geschichte zweimal gleich erzählt. Und ja, er webt an seiner Legende kräftig mit. Vor allem die Tatsache, dass er mit sehr viel weniger Schlaf auskommt als zum Beispiel ich, betont er oft. Napoleon soll auch sehr wenig geschlafen haben. Und andere Schlachtherren auch. Ich bin froh, dass Nico mit der Mehrzeit, die ihm so zur Verfügung steht, etwas Gescheiteres anzufangen weiss!

BESTECHENDE GESCHENKE

«Das einzig Dynamische an unserem Land ist die Geschwindigkeit der Erdbewegung».

Ist sie wirklich in Bewegung?

Die Bundesratsparteien sind sich nicht einig, wie die grossen Probleme unserer Zeit zu bewältigen sind, Innen- und Aussenpolitik sind gelähmt, die Wirtschaft droht schlapp zu machen, die grossen Projekte wie Neat und Bahn 2000 kommen nicht vom Fleck – Blockierungen allerorten. Kleinmut und Pessimismus machen sich breit. In diese negative Grundhaltung hinein platzen die Organisatoren der Expo 2001, die mit ihrem 3-Seen-Projekt nicht nur eine Brücke über den Röstigraben schlagen, sondern unter dem Leitmotiv «Die Zeit oder die Schweiz in Bewegung» dem Schweizer Volk an der Schwelle zum dritten Jahrtausend Möglichkeiten und Lösungen aufzeigen möchten, wie das Land den Herausforderungen der Zukunft begegnen kann. Aber vorläufig wird mehr über Geld- und Transportmittel diskutiert als über inhaltliche Konzepte. Visionen sind ja ohnehin nicht mehr gefragt.

BESTECHENDE GESCHENKE

Schweris neuer Kronprinz

KVZ-Chef Beeler wird GL-Präsident bei Denner

Das Manager-Karussell bei Denner bleibt in Bewegung: Karl Schweri hat einen neuen Job an der Spitze seines Imperiums geschaffen und den bisherigen Chef des Konsumvereins Zürich (KVZ), den 50jährigen Adrian Beeler, zum Präsidenten der nunmehr fünfköpfigen Konzernleitung berufen. Er soll in die Fussstapfen des 78jährigen Firmenbesitzers treten.

Der neue Schweri-Nachfolger kündigte an, er wolle aus der Denner-Gruppe eines der bestgeführten, gesündesten und grössten Schweizer Detailhandelsunternehmen machen. Nach dem ständigen Kommen und Gehen in der Denner-Führungsetage laufen allerdings in der Branche bereits Wetten, wie lange es dauern wird, bis auch der neue Kronprinz wegen Meinungsdifferenzen mit dem eigenwilligen Firmenchef seinen Sessel wird räumen müssen.

«Ganz seltsam, Herr Doktor, erst seit der Chef gelesen hat, wie gut es ihm geht, geht es ihm hundsmiserabel.»

Die Schweiz weltweit auf Platz 5

Und das wettbewerbsfähigste Land in Europa

Die USA sind das wettbewerbsfähigste Land der Welt, vor Singapur, Hongkong und Japan. Als Nummer 5 in der Weltrangliste folgt die Schweiz. Sie hat Deutschland vom europäischen Spitzenplatz verdrängt.

Der vom World Economic Forum und der Lausanner Business School herausgegebene «World Competitiveness Report» gilt als die weltweit bedeutendste und aussagekräftigste Studie über die internationale Wettbewerbsfähigkeit. Darin wird ausgeführt, die schwerste Rezession seit 50 Jahren habe sich als Jungbrunnen für die Schweizer Wirtschaft erwiesen. Sie habe die Unternehmen in Schlüsselbranchen gezwungen, sich zu restrukturieren und neue Märkte in Asien, dem Kraftzentrum der weltwirtschaftlichen Entwicklung, zu erschliessen.

BESTECHENDE GESCHENKE

GESTERN

HEUTE

Mehr Kriege, weniger Geld

IKRK beklagt «Spendemüdigkeit gewisser Geberstaaten»

Das Internationale Komitee vom Roten Kreuz schlägt Alarm: Erstmals in seiner 130jährigen Geschichte musste das IKRK im gleichen Jahr einen zweiten dringenden Appell an alle Regierungen erlassen, ihrer Verantwortung nachzukommen, sonst könne es seine wachsenden humanitären Aufgaben in kriegerischen Konflikten nicht mehr erfüllen.

Der Krieg in Tschetschenien, die erweiterten Kampfhandlungen in Ex-Jugoslawien und der Bruch des Waffenstillstands in Sri Lanka zwangen das IKRK, seine Einsätze zu vermehren. Das Jahresbudget musste von 511 auf 620 Millionen Franken erhöht werden. Die traditionellen Geberländer haben aber noch nicht einmal das ursprüngliche Budget gedeckt. Die Finanzkrise sei auf «die Spendemüdigkeit gewisser Geberstaaten» zurückzuführen, erklärte ein IKRK-Sprecher.

Den Gürtel enger schnallen

Auch Manager verdienen etwas weniger

Erstmals seit Jahren sind 1995 die Kadersaläre zurückgegangen. Trotzdem müssen die Schweizer Manager nicht am Hungertuch nagen.

Da die Arbeitgeber den automatischen Teuerungsausgleich abgeschafft haben, müssen die meisten Angestellten einen realen Lohnrückgang von 1 Prozent hinnehmen. Nicht mehr so gut wie in den Vorjahren ergeht es für einmal auch den Kaderleuten: Das mittlere Bruttogehalt der Manager auf der obersten Führungsebene bildete sich 1995 um 5 000 auf jährlich 205 000 Franken zurück. Wie aus der bei 279 Unternehmen durchgeführten Studie «Gehälter Schweizer Kader und Fachspezialisten» hervorgeht, tragen auch Direktoren statt wie bisher 160 000 nur noch 155 000 Franken nach Hause. In diesen Zahlen nicht enthalten sind die ansehnlichen Bezüge, die nicht in Geldform ausgerichtet werden.

«Ich verstehe seine tiefe Verzweiflung. Sein Salär wurde von 420 000 auf 410 000 Franken gekürzt.»

7

BESTECHENDE GESCHENKE

Für mehr Selbstbestimmung, gegen Gewalt an Frauen

Hillary Clinton in Peking: Frauenrechte sind Menschenrechte

Die freie Entscheidung über Sexualität und Fortpflanzung ist ein Menschenrecht der Frauen: Dies ist das wichtigste Ergebnis der von der UNO einberufenen 4. Weltfrauenkonferenz in Peking. Die rund 5 000 Delegierten aus 189 Ländern verabschiedeten ein Abschlussdokument, das private und öffentliche Gewalt gegen Frauen so scharf wie nie zuvor verurteilt.

In der Pekinger «Aktionsplattform» wird Gewalt gegen Frauen als Menschenrechtsverletzung verurteilt. Sexueller Missbrauch, sexuelle Versklavung und Ausbeutung, internationaler Frauen- und Kinderhandel, Zwangsprostitution und sexuelle Belästigungen werden beim Namen genannt. Vergewaltigungen in kriegerischen Konflikten sollen künftig als Kriegsverbrechen bestraft werden. In einer aufsehenerregenden Rede erklärte die US-Präsidentengattin Hillary Clinton: «Menschenrechte sind ein für allemal Frauenrechte, und Frauenrechte sind Menschenrechte.» Sie kritisierte zur Empörung der Pekinger Machthaber Chinas umstrittene Familienplanung durch erzwungene Abtreibungen und Sterilisationen und bezeichnete die Einreisesperren gegen viele Delegierte regierungsunabhängiger Frauenorganisationen als «unhaltbar».

«Jetzt haben wir 563 Millionen Buben aufgezogen, und die wollen und wollen sich nicht fortpflanzen. Fehlt denen etwas?»

BESTECHENDE GESCHENKE

«Tut mir leid – wir können nicht einmal unsern eigenen Hauptdarsteller unterstützen.»

Ein Spektakel von überregionaler Bedeutung

Während die Zürcher Sozialdemokraten sich mit ihrem Kronfavoriten Moritz Leuenberger auf den Kampf um die Nachfolge des zurückgetretenen Bundesrats Otto Stich rüsten, der ein rechtes nationales Spektakel zu werden verspricht, macht einmal mehr ein anderes Spektakel Schlagzeilen in der Presse der Limmatstadt: das Zürcher Theater Spektakel. Diesmal wegen seiner angespannten Finanzlage. Spektakel-Leiter Markus Luchsinger hofft, dass der bisher von der Stadt Zürich und der TA-Media AG getragenen, experimentierfreudigen Kulturveranstaltung weitere private Sponsoren unter die Arme greifen und dass sich auch der Kanton Zürich und allenfalls der Bund dafür finanziell engagieren werden, weil das Theater Spektakel «kein lokales Festival ist, sondern eine überregionale Bedeutung hat.»

BESTECHENDE GESCHENKE

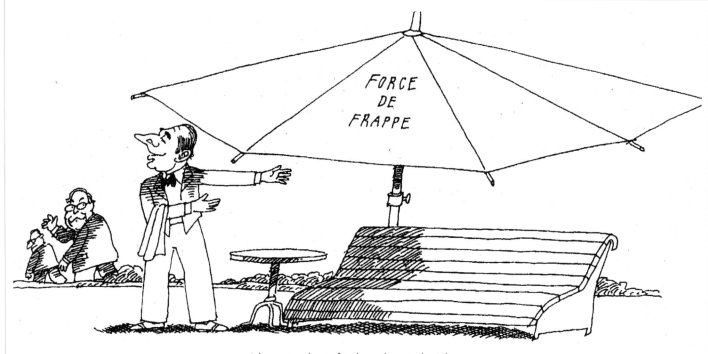

«Ich serviere heute frische polynesische Pilze.»

Paris öffnet rhetorisch den Atomschirm

EU-Staaten fordern Ende der Atomtests

Um den weltweiten Entrüstungssturm gegen die französische Atomtestserie zu dämpfen, hat Frankreichs Premierminister Alain Juppé vorgeschlagen, Deutschland im Rahmen einer «konzentrierten Abschreckungspolitik» an der Force de frappe zu beteiligen. Die in Santander versammelten Aussenminister der 15 EU-Staaten fielen nicht auf das Pariser Ablenkungsmanöver herein: Eine klare Mehrheit forderte Frankreich unmissverständlich auf, seine Nukleartests in Polynesien sofort einzustellen.

Während Staatspräsident Jacques Chirac die Durchhalteparole «absolute Entschlossenheit» durchgegeben hat, um der Welt klarzumachen, dass er nicht von seinem einsamen Atomtest-Entscheid abzurücken geneigt ist, sucht sein Regierungschef Juppé einen Ausweg aus der Isolation, in die Frankreich geraten ist. Die in der nordspanischen Küstenstadt Santander tagenden Aussenminister der EU-Staaten reagierten aber äusserst kühl auf das Pariser Angebot, den französischen Atomschutz zu «europäisieren».

Chiracs neue, explosive Teemischung

BESTECHENDE GESCHENKE

«Euer schlechtes Benehmen stinkt zum Himmel.»

Wo bleibt die europäische Solidarität?

Jacques Chirac wandelt in den Fusstapfen seines grossen Vorbilds Charles de Gaulle, als ob Frankreich noch immer Europas Führungsmacht wäre. Symbol für diese Grandeur ist die vom General geschaffene nukleare Force de frappe, für deren Modernisierung Chirac kurz nach seiner Wahl zum Präsidenten der Republik durch einen einsamen Entscheid eine zusätzliche Testserie angeordnet hatte. Nachdem nun zehn EU-Staaten in der Uno-Abrüstungskommission einem Resolutionsentwurf zustimmten, der den sofortigen Stopp der laufenden Atomtestreihe verlangt, reagierte Chirac gereizt und undiplomatisch auf das von ihm beklagte Fehlen einer «europäischen Solidarität» mit der Absage eines französisch-italienischen Gipfeltreffens in Neapel. Und dem belgischen Ministerpräsidenten Dehaene knallte er die Elysée-Türe vor der Nase zu.

BESTECHENDE GESCHENKE

Holocaust-Opfer: Keine Milliarden auf Schweizer Konten

Banken entdeckten 41 Millionen an «herrenlosen» Vermögen

Auf Schweizer Konten liegen nach Darstellung der Bankiervereinigung keine Milliardenbeträge von Opfern des Holocaust. Die vor allem in den angelsächsischen Medien herumgeisternden Summen von bis zu sieben Milliarden Franken bezeichnete die Verbandsleitung als «absurd». Immerhin sind auf der Suche nach Guthaben von jüdischen Opfern des Nazi-Terrors auf Schweizer Banken bisher 893 Konti mit Einlagen von 41 Millionen aufgetaucht.

Die internationale Medienkampagne hat die Bankiervereinigung aufgeschreckt. Auch die Eidgenössische Bankenkommission forderte neue Massnahmen zur Erleichterung der Suche nach verwaisten Geldern. Sie fürchtet um den Ruf des Bankplatzes Schweiz. Um drohenden staatlichen Massnahmen zuvorzukommen, hat sich die Bankiervereinigung zur Schaffung einer zentralen Anlaufstelle für die Behandlung «nachrichtenloser» Vermögen, die dem Banken-Ombudsmann untersteht, durchgerungen.

«Soeben sehe ich, dass der Chef wohl doch noch ein wenig Geld im Tresorraum gefunden hat.»

BESTECHENDE GESCHENKE

«Steffi lässt sich entschuldigen – Sie finden sie mit einem Heulkrampf in ihrer Garderobe.»

Steffi Graf: Tie-Break um Werbemillionen

Vater der Tenniskönigin hinter Gittern

Mit ihrem Sieg über Monica Seles beim US Open in New York bestätigte sich Steffi Graf eindrücklich als Nummer 1 im Frauentennis. Und dies nach einem «Traumendspiel, das aus einem Alptraum entstand» (wie die «New York Times» formulierte): Die aus Ex-Jugoslawien stammende Seles griff nach dem Messerattentat von Hamburg und der darauf folgenden 28monatigen Turnierpause erstmals wieder nach der Krone, und die deutsche Tenniskönigin war durch ihre Rückenprobleme und die Steueraffäre um ihren Vater physisch und psychisch schwer belastet.

Der 57jährige einstige Autohändler Peter Graf war wenige Wochen zuvor unter dem dringenden Tatverdacht der Steuerhinterziehung in einem besonders schweren Fall an seinem Wohnort Brühl verhaftet und in das Gefängnis Hohenasperg bei Ludwigsburg eingeliefert worden. Er wurde beschuldigt, rund 40 Millionen DM aus Werbeverträgen seiner Tochter via Scheinfirmen in Amsterdam und Vaduz an den deutschen Steuerämtern vorbei auf die Holländischen Antillen geschleust und den deutschen Staat dabei um rund 20 Millionen DM geprellt zu haben. Die 26jährige Steffi blieb unbehelligt, obwohl sie die Steuererklärungen unterzeichnete und nach den Aussagen des mitverhafteten Steuerberaters Joachim Eckardt von den Manipulationen ihres Vaters gewusst haben soll.

TV-Hinrichtungen in Zürichs Partnerstadt

Obwohl allgemein bekannt ist, dass die Todesstrafe wenig abschreckende Wirkung zeigt, setzt China wie kein anderes Land auf dieses finale Mittel der Bestrafung. Auch das Stadion von Kunming, Hauptstadt der Provinz Yunnan und seit 13 Jahren Zürich durch eine Städtepartnerschaft verbunden, ist regelmässig Schauplatz von Schauprozessen mit Volksfestcharakter, wobei gleich an Ort und Stelle nach dem Urteil auch über den Revisions- und Gnadenantrag entschieden wird. Nach dem negativen Entscheid werden die Delinquenten in einem Aussenbezirk der 1,5-Millionen-Stadt durch Genickschuss hingerichtet. Auch bei den Exekutionen ist das staatliche Fernsehen vor Ort dabei. Trotz geschenktem Chinagarten am Alpenquai eine fragwürdige Partnerschaft mit einem politischen System, in dem Menschenrechtsverletzungen an der Tagesordnung sind...

BESTECHENDE GESCHENKE

Bauerndemo mit heiliger Kuh

Welcher Weg für welche Schweiz? Oeffnung oder Alleingang?

Stich erteilt Blocher eine Lektion in Demokratie

Einen Monat vor den eidgenössischen Wahlen rief SVP-Nationalrat und Auns-Führer Christoph Blocher seine Anhänger unter dem Motto «Ja zur Schweiz - Nein zu EU/EWR» zu einer Heerschau mit «bodenständigem» Umzug nach Zürich. Als Antwort organisierte die Stadtzürcher SP eine Kundgebung für eine «offene und tolerante Schweiz» mit Bundesrat Otto Stich und Stadträtin Ursula Koch als Hauptrednern. Während diese beiden Kundgebungen friedlich verliefen, eskalierte eine Demonstration antifaschistischer und autonomer Gruppen in einer Strassenschlacht am Limmatquai.

Während Blocher einmal mehr alle Schweizerinnen und Schweizer, die sich für eine Oeffnung in Richtung Europa einsetzen, in Bausch und Bogen als «Heimatmüde» abqualifizierte und zum Alleingang aufrief, erteilte Stich in diesem rhetorischen Fernduell seinem hitzköpfigen Gegner eine staatspolitische Lektion. Demokratie bedeute, die Meinung Andersdenkender zu respektieren. Sie sei die Staatsform des Dialogs, in dem mit Argumenten und nicht mit Gefühlen gefochten werden müsse. Unter dem Transparent «Auch wir sind das Volk, Herr Blocher» diskutierte eine Gruppe Jugendlicher auf dem Münsterhof lebhaft mit EU-Gegnern älteren Jahrgangs.

BESTECHENDE GESCHENKE

«Ich sehe nicht, wer der Redner ist - aber ich erkenne seine liebsten Freunde.»

BESTECHENDE GESCHENKE

«Ein überwältigender Sieg der Zauberformel»

SP-Kandidat Moritz Leuenberger zum Bundesrat gewählt

In der mit grosser Spannung erwarteten Ersatzwahl für den zurückgetretenen SP-Bundesrat Otto Stich ist der Zürcher Sozialdemokrat Moritz Leuenberger von der Bundesversammlung als 18. Vertreter des Standes Zürich in die Landesregierung gewählt worden. Der 49jährige National- und Regierungsrat schwang im 5. Wahlgang mit 124 Stimmen obenaus. Die SP-Fraktion hatte dem Wahlgremium einen Zweiervorschlag mit Leuenberger und dem Freiburger Ständerat Otto Piller unterbreitet.

Der verzweifelte Versuch der Zürcher FDP, durch die prominente Sprengkandidatur von Nationalrätin Vreni Spoerry den freigewordenen Bundesratssitz für die Zürcher Wirtschaftslobby zu retten und gleichzeitig die Zauberformel (2 FDP, 2 SP, 2 CVP und 1 SVP) zu knacken, scheiterte kläglich. Mit der Wahl des SP-Hoffnungsträgers erteilte die Bundesversammlung den rechtsbürgerlichen Machtgelüsten eine eindeutige Abfuhr.

«Ist das nicht die Sängerin, die schon in der 'Dreifuss-Oper' eine Solo-Partie gesungen hat?»

BESTECHENDE GESCHENKE

Moritz Leuenberger: Der 101. Bundesrat

BESTECHENDE GESCHENKE

Schock in Zürich-Kloten

Swissair kämpft ums Ueberleben und streicht 1 600 Stellen

Die Swissair kämpft gegen tiefrote Zahlen. Die Firmenleitung verschärft den Sparkurs: Das vor einem Jahr in Kraft gesetzte «Win»-Programm soll das Ergebnis nicht bloss um 500 Millionen Franken – wie ursprünglich vorgesehen – aufpolieren, sondern um 700 Millionen verbessern. Deshalb stehen jetzt 1 600 Stellen auf der Abschussliste.

Mit ihrem neuesten Sparpaket, das die Gewerkschaften «mit Bestürzung» aufgenommen haben, reagiert die Geschäftsleitung der Fluggesellschaft auf die zusehends schlechtere Ertragslage. Bis Ende 1997 sollen 300 Angestellte entlassen und 400 frühpensioniert werden.

«Sie können jetzt nicht zum Chef. Ich glaube, er entlässt gerade einen seiner Top-Manager.»

BESTECHENDE GESCHENKE

Das Schicksal der LNN besiegelt

Michael Ringier: «Wir sind nicht Sponsor der Meinungsfreiheit»

Der Uebernahmepoker um den Zentralschweizer Zeitungsmarkt ist sozusagen im Handstreich entschieden worden, nachdem der ehemalige Zuger CVP-Ständerat Markus Kündig geschickt die Fäden bei der Fusion der «Luzerner Zeitung» (LZ) und der «Luzerner Neuesten Nachrichten» (LNN) zur «Neuen Luzerner Zeitung» (NLZ) gezogen hat. Der kompromisslose Wirtschaftsvertreter übernimmt das Verwaltungsratspräsidium des neuen Presseorgans, während LNN-Besitzer Ringier sich auf dem Platz Luzern aus dem operativen Geschäft zurückzieht.

Michael Ringier erklärte, er habe den Entscheid zur Preisgabe der LNN, die seit Jahren mit Millionenverlusten arbeite, «schweren Herzens» getroffen, aber «wir sind nicht Sponsoren der Meinungsfreiheit». Die LNN-Leute fühlen sich verschaukelt, denn sie stellen in der neuen NLZ weder den Verwaltungsratspräsidenten, noch den Verlagsleiter oder den Chefredaktor. Dennoch wollen sie nicht gegen den Todesstoss demonstrieren, schon gar nicht im Stil der Schweizer Fussball-Nationalmannschaft, die vor dem EM-Qualifikationsspiel gegen Schweden im Stadion von Göteborg mit ihrem Protest gegen die französischen Atomtests für weltweites Aufsehen sorgte...

Stuttgarter Debakel gegen Dortmund

Unglücklicher Start Fringers in der Bundesliga

Der vom schwäbischen Traditionsclub VfB Stuttgart als neuer Trainer aus Aarau geholte Rolf Fringer startete mit seiner neuen Mannschaft schwach in die deutsche Fussball-Meisterschaft. Vor allem in defensiver Hinsicht hinterliess der VfB einen desolaten Eindruck: Nachdem die Schwaben schon im Auftaktspiel gegen Bayer Leverkusen innert 45 Minuten vier Tore zulassen mussten, erlitten sie gegen Meister Borussia Dortmund mit 3:6 Toren eine weitere Abfuhr. Trainer Ottmar Hitzfeld's Mannschaft meldete eindrücklich ihren Anspruch auf eine erfolgreiche Titelverteidigung an. Pikant: Wie der Oesterreicher Fringer hat auch der Deutsche Hitzfeld einst den FC Aarau trainiert, und ihre beiden Namen werden immer wieder genannt, wenn vom Wunschkandidaten für den Posten des Schweizer Nationaltrainers die Rede ist.

BESTECHENDE GESCHENKE

«Ich halte diese traurigen Schalter-Gesichter nicht mehr aus - ich werde sie entlassen.»

Florierende Banken verweigern Teuerungsausgleich

Eclat bei der herbstlichen Bankenlohnrunde: Für die rund 110 000 Bankangestellten wird es 1996 keinen gesamtvertraglichen Teuerungsausgleich und nur eine minimale generelle Lohnaufbesserung geben. Wenn mehr Lohn, dann individuell und sparsam dosiert, erklären die mit wenigen Ausnahmen florierenden Banken. Die empörten Arbeitnehmerverbände brachen die Verhandlungen daraufhin ab.

Nachdem die Verhandlungen mit dem Bankpersonalverband und dem Schweizerischen Kaufmännischen Verband gescheitert sind, will die Arbeitgeberorganisation der Banken die Lohngespräche mit den Angestellten auf die Institutsebene verlagern, was wohl der Zweck der geplatzten Uebung war. Auch im Banksektor erschallt laut der Ruf nach Deregulierung und nach tieferen Arbeitskosten.

BESTECHENDE GESCHENKE

Die Zürcher Kirche bleibt im Staat

Klare Absage an eine rechtsbürgerliche Initiative

Im Kanton Zürich sagte das Stimmvolk zum zweitenmal deutlich nein zu einer Trennung von Kirche und Staat und bewies damit einmal mehr, dass es radikalen Aenderungen abhold ist.

Die von rechtsbürgerlichen Kreisen lancierte Initiative wurde mit 64,8 Prozent verworfen. Bei einer Annahme hätten die Landeskirchen das Besteuerungsrecht und 70 bis 80 Prozent ihrer Einkünfte verloren. Evangelisch-reformierte, Römisch-katholische und Christkatholische Kirche hätten sich als Vereine privatrechtlich und ohne Staatsgelder organisieren müssen. Offenbar will das Volk aber keine «arme» Kirche.

«Ich wäre sogar für eine Trennung von Kirche und Christentum.»

«Sieh es dir genau an: Unbeweglich, Rostblech, hohl, dickfellig, männlich - der Top-Banker, der nie schuld hat und nie entlassen wird.»

ZKB verschreibt sich ein umwälzendes Fitnessprogramm

Die Zürcher Staatsbank will bis zu 800 Stellen abbauen

Mit einem ehrgeizigen Fitnessprogramm will die grösste schweizerische Staatsbank in fünf Jahren in Hochform sein. Auf dem Weg dorthin werden allerdings 600 bis 800 der insgesamt rund 4 000 ZKB-Arbeitsplätze auf der Strecke bleiben.

Ziel des tiefgreifenden Umstrukturierungsprozesses ist eine Erhöhung der Eigenmittelrendite auf 7,5 Prozent und eine strategische «Neupositionierung» am hartumkämpften Finanzplatz Zürich. Mit ihrem Abspeckprogramm folgt die ZKB dem Beispiel anderer Kantonal- und Regionalbanken. Ihre Sanierungsübung ist vor allem eine Folge der weiterhin schlechten Lage des helvetischen Immobilienmarkts.

BESTECHENDE GESCHENKE

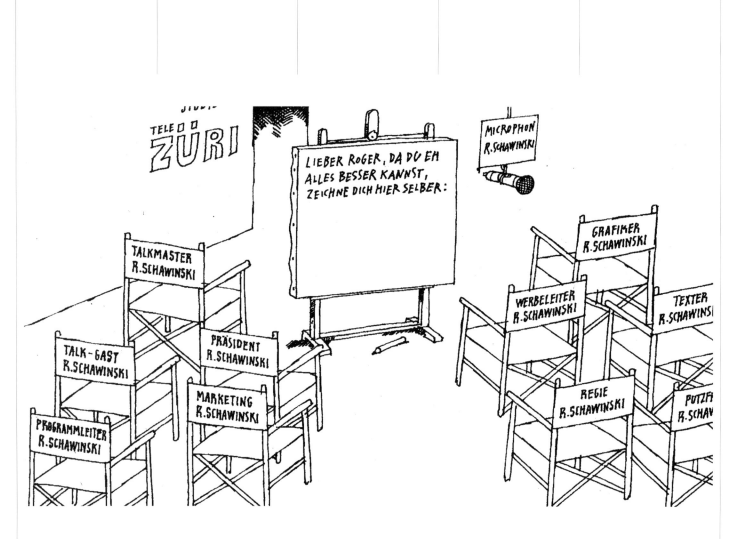

TeleZüri feiert seinen ersten Geburtstag

Während andere Medienträume an den harten Realitäten scheiterten, kann TeleZüri, das vor einem Jahr auf den Bildschirmen der Region Zürich Premiere hatte, seinen ersten Geburtstag feiern. In dieser erstaunlich kurzen Zeit ist der Lokal-TV-Sender zu einem akzeptierten und viel genutzten Medium geworden, das mehr Zuschauer als Schweiz 4 erreicht. TeleZüri lebt ganz von der Persönlichkeit seines Gründers Roger Schawinski, der schon Radio 24 durchboxte und im Fernsehgeschäft Verwaltungsratspräsident, Programmleiter, Geschäftsleiter, Marketingleiter, Talkmaster, Aktionär und Darlehensgeber in einer Person ist.

BESTECHENDE GESCHENKE

Nationalrat will PUK gegen Stich

Pensionskassen-Probleme des Bundes durchleuchten

Nachdem die verantwortlichen Kommissionen des Bundes seit Jahren in immer neuen Anläufen daran scheitern, die Probleme in der Buchhaltung der Eidgenössischen Versicherungskasse zu sichten und zu lösen, hat der Nationalrat nun mit 87 gegen 63 Stimmen die Einsetzung einer Parlamentarischen Untersuchungskommission beschlossen.

«Ich habe eine schlechte und eine miserable Nachricht für Sie.»

Die bürgerliche Mehrheit des Nationalrates will endlich abklären lassen, warum es dem abtretenden Finanzminister Otto Stich nicht gelungen ist, Probleme der Datenverarbeitung und der Buchhaltung bei der Pensionskasse des Bundes in den letzten acht Jahren in den Griff zu bekommen. In der Debatte bestritt niemand, dass die Pensionskasse der 180 000 Angestellten von Bund, PTT und SBB einem Augiasstall gleicht. Auf dem Gipfel der Misere hatte Bundesrat Stich seine von keinem Fachwissen belastete persönliche Mitarbeiterin Elisabeth Baumann auf den Direktorensessel der Kasse gehievt.

Wie viele Ausländer in der Schweiz?

Im Vorfeld der eidgenössischen Wahlen konfrontierte der «Tages-Anzeiger» die zehn wichtigsten Parteien mit Problemen, die den Schweizerinnen und Schweizern auf den Nägeln brennen. Bei der Frage «Muss die Zahl der Ausländer und Ausländerinnen begrenzt werden?» liegen die Standpunkte weit auseinander. Während die SP in ihrem Wirtschaftsprogramm ausdrücklich erklärt, die Stabilisierung der Wohnbevölkerung könne nicht Ziel linker Politik sein («Die Schweiz ist und bleibt ein Einwanderungsland»), setzt sich die Freiheits-Partei (Auto-Partei) mittelfristig für eine Reduktion des Ausländerbestandes auf das Niveau vergleichbarer westeuropäischer Staaten (Durchschnitt aller EU-Länder: 4,5%) ein. In einer ersten Phase erachtet die FPS eine Limite von 18% als richtig. Die Schweizer Demokraten haben gegen die «verfehlte Politik des Bundesrates, die uns soziale, finanzielle, wirtschaftliche und Bildungsprobleme bringt», die Volksinitiative «Masshalten bei der Einwanderung» lanciert. Die Zuger SVP appelliert mit ihrem Wahlplakat «Wann müssen w i r auswandern, um andern Platz zu machen» offen an fremdenfeindliche Gefühle.

BESTECHENDE GESCHENKE

Viele Absagen und Ausfälle

Wegen der krankheits- oder verletzungsbedingten Absenz vieler Spitzenspielerinnen mussten die European Indoors in Zürich für einmal ohne standesgemässe Besetzung auskommen. Vor allem wurde die Weltranglistenerste Steffi Graf vermisst. Um die Pechsträhne der Organisatoren zu komplettieren, schied während des Turniers auch noch die bulgarische Titelverteidigerin Magdalena Maleeva wegen einer Darmvergiftung aus, scheiterte Publikumsliebling Martina Hingis bereits im Achtelfinal an der Amerikanerin Chanda Rubin und verlor die nach allen Absagen als Nummer 1 übriggebliebene Tschechin Jana Novotna im Viertelfinal gegen die 18jährige Kroatin Iva Majoli, die schliesslich mit einem überraschenden 6:4, 6:4-Finalsieg über die favorisierte Französin Mary Pierce ihren ersten grossen Titel im Profitennis gewann.

Die Angst sitzt immer noch ganz tief.

Die Frauen holen auf

Bei den eidgenössischen Wahlen haben die Frauen ihre Vertretung sowohl im Nationalrat als auch im Ständerat verstärkt. Bereits ihr Anteil unter den 2834 Kandidierenden für den 200köpfigen Nationalrat betrug 35 Prozent, wobei die Kantone Basel-Stadt mit 50% und Graubünden mit 45,1 Prozent obenausschwangen. Gewählt wurden 43 Frauen (bisher 38), was einem Anteil von 21,5 Prozent entspricht. Im 46köpfigen Ständerat konnten sie ihre Vertretung von 4 auf 8 gar verdoppeln.

BESTECHENDE GESCHENKE

SP machte grossen Sprung nach vorn

Stärkere Polarisierung nach den
eidgenössischen Wahlen

Bei den eidgenössischen Wahlen konnten die Sozialdemokraten ihren grössten Sieg seit 20 Jahren feiern. Ihre Partei gewann bei den Nationalratswahlen 12 Mandate und stellt jetzt mit 54 Parlamentarierinnen und Parlamentariern die mit Abstand stärkste Fraktion. Auch die SVP konnte ihre Sitzzahl von 25 auf 29 steigern, während die FDP mit 45 Mandaten fast stagnierte (+1) und die CVP gar einen leichten Rückschlag um 2 auf 34 Sitze verkraften musste.

«Interessant ist doch, dass alles der gleiche Käse ist, und trotzdem bilden sich in bestimmten Teilen die grössten Löcher.»

Der Vormarsch der SP auf der einen und der SVP auf der anderen Seite dürfte in den kommenden vier Jahren das Regieren in Bern erschweren. Während der linke Wahlsieger, SP-Präsident Peter Bodenmann, FDP und CVP aufforderte, mit seiner Partei zusammen eine klare Reform- und Oeffnungspolitik zu betreiben, sah der rechte Wahlsieger Christoph Blocher das Ergebnis umgekehrt: Der SVP-Erfolg habe dafür gesorgt, dass ein EU-Beitritt in diesem Jahrhundert kein Thema mehr sei.

«Etwas ganz Neues, Frollein: Das Schild da ist umgefallen.»

BESTECHENDE GESCHENKE

Bahn 2 000: Parlament und Stimmvolk irregeführt

Schwere Vorwürfe gegen Ex-Bundesrat Schlumpf und die SBB-Spitze

Die Geschäftsprüfungskommission des Ständerates, welche die bei der Vorbereitung des Bahn-2 000-Konzepts begangenen Fehler untersuchte, hat schwere Vorwürfe an die Adresse des damals verantwortlichen Bundesrates Leon Schlumpf (SVP) und die SBB-Generaldirektion gerichtet.

Das Konzept Bahn 2 000 sei nicht genügend ausgeleuchtet worden, die 1987 in der Volksabstimmung angenommene Vorlage ungenügend vorbereitet gewesen. Das Parlament sei nicht eingehend über die definitiven Kosten informiert und die Stimmberechtigten mit den Abstimmungserläuterungen irregeführt worden. Die Vorlage hätte so nicht der Bundesversammlung und erst recht nicht dem Volk vorgelegt werden dürfen. Die bundesrätliche Botschaft erweckte den falschen Eindruck, dass sich mit 5,4 Milliarden Franken inklusive Teuerung die ganze Bahn 2 000 finanzieren lasse. Kritiker merkten immerhin an, dass bei der GPK-Schelte die Mitverantwortung des Parlaments beim ganzen Pfusch nicht schwer genug gewichtet worden sei.

Staatssekretäre vors Volk

Regierungsreform steht vor fast unüberwindbarer Hürde

Die Schlussabstimmung zur Regierungsreform 93 im Nationalrat zeigt ein ernüchterndes Resultat: Zwar sagten 91 Mitglieder der grossen Kammer ja und nur 62 nein, aber 23 enthielten sich der Stimme und werden bei einer Volksabstimmung mit Sicherheit nicht für die neuen Kompetenzen des Bundesrats und für neue Staatssekretäre kämpfen.

Das Resultat beflügelte rechtsbürgerliche Kreise, gegen das neue Regierungs- und Verwaltungsorganisationsgesetz das Referendum zu ergreifen. Nationalräte aus FDP, SVP, CVP und FPS werden einem «Komitee gegen eine aufgeblähte Bundesverwaltung mit überflüssigen Staatssekretären» als Kopräsidenten vorstehen. Das Gesetz sieht neben den drei bisherigen sieben neue Staatssekretäre vor, die den Bundesrat entlasten und in Kommissionen, im Ausland und im Parlament vertreten sollen.

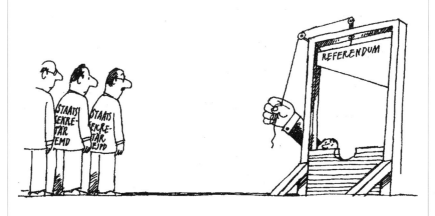

Die Rechte im Anschlag

5 Jahre deutsche Einheit

Appelle für ein besseres gegenseitiges Verständnis

Zum fünften Jahrestag der Wiedervereinigung haben Spitzenpolitiker an Ost- und Westdeutsche appelliert, sich um ein besseres gegenseitiges Verständnis zu bemühen und Probleme gemeinsam anzupacken. Bundeskanzler Helmut Kohl bezeichnete den Aufbau Ost als wichtigste innenpolitische Aufgabe.

Am zentralen Festakt in Düsseldorf erklärte Bundesratspräsident Johannes Rau die deutsche Einheit zur «Jahrhundertaufgabe». Er unterstrich, dass soziale Gerechtigkeit und wirtschaftliche Leistungsfähigkeit zusammengehören. Bundespräsident Roman Herzog ermunterte die Deutschen zu einer neuen Aufbruchstimmung, «in der der Mut wieder grösser wird als die Mutlosigkeit.» Damit die Einheit zur Selbstverständlichkeit werde, forderte Herzog das Volk auf, «endlich einmal zuzugeben, dass es auch innerhalb der ost- und westdeutschen Bundesländer starke Mentalitätsunterschiede gibt.»

«Natürlich lassen wir Ihnen freie Hand.»

Schutz vor Konsumentenschützern

Kodex soll den «Kassensturz» an die Kandare nehmen

Weil sich nach Meinung des Vororts, des Gewerbeverbandes und der Bankiervereinigung die Klagen von Firmen über Schäden wegen unsorgfältig durchgeführter oder gar unseriöser Tests häufen, haben die drei Wirtschaftsverbände einen Kodex erarbeitet, der den «Kassensturz» und andere Tester verpflichten will, von Branchenorganisationen bezeichnete Experten beizuziehen und die Testberichte den betroffenen Firmen vor der Ausstrahlung oder Veröffentlichung vorzulegen. Wer nicht nur an auflagen- und einschaltquotensteigernden Schlagzeilen interessiert sei, sondern an einer seriösen Konsumenteninformation, für den könne der Kodex eine wertvolle Hilfe darstellen, meinen sie. Die Antwort der angesprochenen Konsumentenschützer fiel vernichtend aus. Sie betrachte das Ganze als eine Drohgebärde der mächtigen Wirtschaftsverbände, erklärte Simonetta Sommaruga von der Stiftung für Konsumentenschutz.

BESTECHENDE GESCHENKE

Ebner schiesst scharf gegen die SBG

Verantwortlichkeitsklage gegen den Verwaltungsratsausschuss

Der Streit zwischen dem BZ-Bankier Martin Ebner und der Schweizerischen Bankgesellschaft eskaliert: Der 50jährige «Absahner der Nation» («Facts») hat eine Verantwortlichkeitsklage gegen den achtköpfigen Verwaltungsratsausschuss der SBG eingereicht, wobei es um einen Betrag von 250 Millionen Franken geht.

Mit der Klage gegen den von Nikolaus Senn geführten Verwaltungsratsausschuss erreicht Ebners Kampf gegen die Einführung der Einheitsaktie bei der grössten Schweizer Bank einen neuen Höhepunkt. Ebner ist mit seiner BK Vision, die 20 Prozent der SBG-Namenaktien besitzt, der grösste Einzelaktionär der Bankgesellschaft. Er kämpft aber noch an einer zweiten Front: Mit einer Millionenklage gegen den Weltwoche-ABC-Verlag will er die Veröffentlichung eines Buches verhindern, in welchem «Bilanz»-Redaktor Jürg Becher bisher unbekannte und offenbar brisante Fakten aus der erfolgreichen Karriere Ebners zusammengetragen hat.

BESTECHENDE GESCHENKE

Brüchiger Waffenstillstand in Bosnien

Nach Inkrafttreten des Waffenstillstandes in Bosnien-Herzegowina haben sich die Kriegsparteien gegenseitig Verstösse gegen das vom amerikanischen Unterhändler Richard Holbrooke zustandegebrachte Abkommen vorgeworfen.

Die Chancen für die längerfristige Einhaltung der Waffenruhe werden allerdings von Beobachtern vor Ort als eher günstig angesehen, weil der vom Internationalen Kriegsverbrecher-Tribunal zur Fahndung ausgeschriebene Führer der bosnischen Serben, Radovan Karadzic, nicht nur politisch, sondern auch militärisch durch die Erfolge der bosnischen Regierungstruppen und der Kroaten immer stärker unter Druck geraten ist.

Eine Art Waffenstillstand

«Madame, Sie stehen schon seit Tagen auf dem Abstellgleis.»

Tansu Ciller stürzt über die Arbeiter

Arbeitskonflikt löst Niederlage bei Vertrauensabstimmung aus

Die türkische Ministerpräsidentin Tansu Ciller hatte alle Register gezogen, um die Vertrauensabstimmung über ihr Minderheitskabinett zu gewinnen. Dennoch entzog das Parlament der Regierungschefin überraschend deutlich das Vertrauen.

Hauptgrund für die Niederlage Cillers, Führerin der konservativen Partei des Rechten Weges, war ihr Konflikt mit dem Gewerkschaftsbund Türk-Is und der seit fast vier Wochen andauernde Streik von rund 350 000 der insgesamt 680 000 Angestellten der Staatsbetriebe, der ganze Branchen der Wirtschaft und vor allem das Transportwesen lähmte. Ciller gab sich indessen nicht geschlagen: Im vergeblichen Versuch, Neuwahlen zu verhindern und die fundamentalistische Heilspartei mit ihrem Führer Nemcettin Erbakan von der Macht fernzuhalten, raufte sie sich gleich nach dem Sturz ihrer Minderheitsregierung mit den Sozialdemokraten zu einer Neuauflage der geplatzten Koalition zusammen.

BESTECHENDE GESCHENKE

Der grosse Swiss-Crash

Swisscare zusammengekracht

Traum vom grössten Krankenkassen-Zusammenschluss geplatzt

Der Zusammenschluss der Krankenkassen Helvetia, Konkordia und KFW ist gescheitert: Die Konzernleitung der Swisscare-Gruppe ist still und heimlich aufgelöst worden. Weil ihre Manager sich verkracht haben, gehen die drei Kassen wieder ihre eigenen Wege.

Es hatte im Herbst 1993, als drei der grössten Krankenkassen ihren Schulterschluss verkündeten, so hoffnungsvoll begonnen. Aber als die Vorarbeiten für die geplante Megakasse schon weit gediehen waren, zog die Helvetia die Notbremse. KFW-Direktor André Haelg nannte als Hauptgründe für das Scheitern die unterschiedliche Grösse der Kassen und auseinandergehende Ansichten über das Tempo der geplanten Fusion. Die drei obersten Chefs, die zusammen rund 2,5 Millionen Versicherte repräsentieren, sollen sich aber auch persönlich verkracht haben.

Strikte Frauenquoten sind nicht EU-konform

Umstrittenes Urteil des höchsten europäischen Gerichts

«Frauenförderung ja, strikte Quoten nein»: Gemäss einem aufsehenerregenden Urteil des Europäischen Gerichtshofes in Luxemburg verletzt ein «absoluter und unbedingter» Vorrang für Frauen die Chancengleichheit der Männer.

Der oberste Gerichtshof der Europäischen Union hatte die Klage eines Gartenbauingenieurs zu beurteilen, der sich um eine leitende Stelle beim Gartenbauamt der Hansestadt Bremen beworben hatte, aber am Bremer Gleichstellungsgesetz gescheitert war. Dieses schreibt vor, Frauen seien bei gleicher Qualifikation in Bereichen, in denen sie untervertreten sind, vorrangig zu berücksichtigen. Das aus elf Männern bestehende Gericht bekundete Verständnis für den Mann. Es kam nämlich zum Schluss, dass verbindliche Frauenquoten rechtswidrig seien, ja geradezu eine Diskriminierung der Männer darstellen, wenn Frauen in Bereichen, in denen sie unterrepräsentiert seien, automatisch bevorzugt würden. Das Urteil löste unter den Frauenrechtlerinnen einen Sturm der Entrüstung aus.

Frauen-Quittung

BESTECHENDE GESCHENKE

Streit um Porno-Kunst in Zürich

Stadtpräsident Estermann verbietet Helmhaus-Ausstellung

Erstmals in seiner Amtszeit ist der Zürcher Stadtpräsident Josef Estermann als Zensor aufgetreten. Mit der Begründung, dass Pornographie in dieser Form viele Menschen in ihren Gefühlen verletzen und dem Helmhaus politisch schaden würde, hat er die Ausstellung «Oh Pain Oh Life» der New Yorker Künstlerin und Feministin Ellen Cantor in letzter Stunde verboten.

Auch das liberalisierte Urteil des Bundesgerichts zur Pornographie rechtfertige nicht die Verletzung der Gefühle eines erheblichen Teils der Bevölkerung, die das Helmhaus schliesslich bezahle, begründete Estermann seinen umstrittenen Entscheid. Eine öffentliche Institution sei nicht der richtige Ort für eine Porno-Ausstellung. Kunstkritiker kommentierten den Eclat leicht amüsiert: Im engeren Kunstbereich habe sich die Pornographiediskussion zumindest in unseren Breitengraden doch erschöpft. Was könne den Ausstellungsbesucher denn noch schockieren, nach allem, was er in den vergangenen Jahrzehnten im Kino, im Theater und am Bildschirm gesehen habe?

«Jetzt sieh dir mal die Schweinerei an, die als Kunst getarnt in unserem Museum gezeigt wird!»

BESTECHENDE GESCHENKE

Dreifuss: «Es gibt keinen AHV-Schock»

Drei-Säulen-Bericht in Bern veröffentlicht

Bundesrätin Ruth Dreifuss hat in Bern den Drei-Säulen-Bericht vorgestellt, der noch von ihrem Vorgänger Flavio Cotti in Auftrag gegeben worden war. Resultat des Expertenberichts: An der Architektur der heutigen Sozialwerke soll nicht gerüttelt werden. Dreifuss wehrte sich gegen die Vorwürfe von bürgerlicher Seite, sie habe die finanzielle Situation der AHV in ihrem offenen Brief vom Mai 1994 beschönigt: «Es gibt keinen AHV-Schock.»

Unter der Annahme eines moderaten Wirtschaftswachstums setzen die AHV-Defizite laut Drei-Säulen-Bericht im Jahre 2001 ein. Das Abrutschen in die roten Zahlen sei demographisch bedingt, betonte die Innenministerin. Man werde deshalb Mehrwertsteuer-Prozente beanspruchen müssen: «Ich habe nie rosarot gemalt, sondern die Situation immer realistisch geschildert.»

«Sicher ist, dass nichts sicher ist.»

Jelzin: Von der Gesundheits- zur Staatskrise?

Rund sieben Wochen vor den russischen Parlamentswahlen warf eine neue Herzattacke Präsident Boris Jelzin aufs Krankenlager und alle Berechnungen, die eine Stabilisierung der Machtverhältnisse zu garantieren schienen, über den Haufen. Die Gesundheitskrise drohte zur Staatskrise zu geraten. Das Land, eine Grossmacht immerhin, in einem desolaten Zustand und ohne Perspektiven, sein Präsident politisch und gesundheitlich am Ende. Mit dem Argument, seine Stärke sei seine Schwäche, prophezeiten Kreml-Astrologen ihm allerdings sogar eine zweite Amtszeit, wenn der gelegentlich wodkabeschwingt auftretende Zar Boris sein physisches Formtief überwinde.

«Schwester, hatte der Patient heute im Laufe des Tages Besuch?»

BESTECHENDE GESCHENKE

BESTECHENDE GESCHENKE

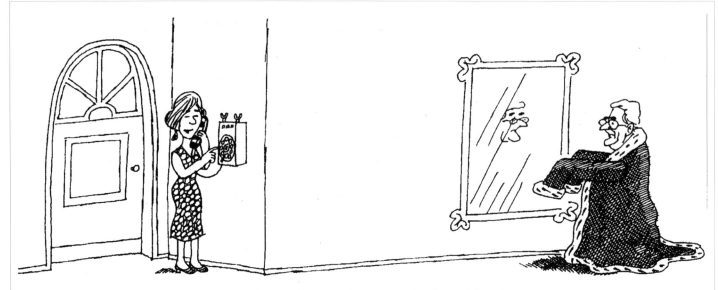

«Mutter, ich nehme an, Franjo wird jetzt seinen Dank ans Volk vorbereiten.»

Tudjman verfehlt sein Wahlziel

Klarer Wahlsieger, aber nicht allmächtiger Alleinherrscher

Bei den Parlamentswahlen in Kroatien ist die Partei von Staatspräsident Franjo Tudjman als klar stärkste Kraft bestätigt worden. Das selbstgesteckte Ziel einer Zweidrittelsmehrheit hat die rechtsnationalistische Kroatische Demokratische Gemeinschaft (HDZ) allerdings verfehlt, obwohl Tudjman sein ganzes Gewicht in die Waagschale warf, um die erklärte Wahlvorgabe zu erreichen.

Die Regierungspartei wird damit auch künftig Verfassungsänderungen nicht im Alleingang durchziehen können. Der letzte Zipfel der Macht bleibt Tudjman somit verwehrt. Trotz massiver HDZ-Propaganda über die Staatsmedien, einem fragwürdigen Wahlgesetz und dem höchst umstrittenen Wahlrecht der zumeist Tudjman-treuen Kroaten in Bosnien hat Kroatiens Wählerschaft den Alleinmachtträumen des «Vaters der Nation» eine klare Absage erteilt.

PTT auf dem Weg zum Gemischtwarenladen

Um ihre Schalter besser auszulasten, will die Post neben Zeitungen, Festgeldern und Kleinanzeigen künftig auch Reisen verkaufen. In Kuoni hat sie einen Partner gefunden, der billige Pauschal-Arrangements mit wenig Beratung über die Schalter vertreiben will. In der Zürcher Fraumünsterpost ist gar ein weihnachtlicher Versuch mit Parfüms gestartet worden. An den PTT-Schaltern arbeiten wahrlich Allrounder, die nicht nur Briefmarken verkaufen, Pakete wiegen und Einzahlungen entgegennehmen können...

«Hast du das gehört? Der Herr da möchte einen Brief befördern lassen.»

BESTECHENDE GESCHENKE

Zürcher Wahlduell mit abverheitem Kuhhandel

FDP wollte SP aus der Regierung werfen: Neues Debakel

Nachdem die Führung der Zürcher FDP die Wahl von Moritz Leuenberger in den Bundesrat nicht verhindern konnte, erhob sie sofort Anspruch auf den freiwerdenden Sitz in der Zürcher Regierung, blieb aber erfolglos bei der verzweifelten Suche nach einer valablen Kandidatin. Als der von Christoph Blocher vorgeschlagene Kuhhandel - die abgehalfterte Bundesratskandidatin Vreni Spoerry in die Regierung zu hieven und dafür seinen Gefolgsmann Toni Bortoluzzi in den Ständerat zu wählen - scheiterte, entschloss sich die FDP zur Unterstützung des «überparteilichen» SVP-Kampfkandidaten Rolf Gerber. Der Chef des kantonalen Landwirtschaftsamtes sollte die Wahl der zum Monster aufgebauten SP-Kantonsrätin und Winterthurer Lehrerin Vreni Müller-Hemmi verhindern und der SP dabei ihren letzten Sitz im Zürcher Regierungsrat wegschnappen. Das Manöver wäre beinahe gelungen, aber auch Sprengkandidat Gerber verfehlte das absolute Mehr im ersten Wahlgang, worauf die SP-Leitung ihre unbequeme Genossin durch den bei den Bürgerlichen beliebten Markus Notter, Kantonsrat und Stadtpräsident von Dietikon ersetzte. Notter wurde schliesslich praktisch im Alleingang zum Nachfolger Leuenbergers in der Justizdirektion gewählt.

Die Zeit der Nager

BESTECHENDE GESCHENKE

Das Parlament streckt die Waffen

Das Kriegsmaterialgesetz soll entschärft werden

Die Sicherheitspolitische Kommission des Nationalrats will das vom Bundesrat vorgelegte Kriegsmaterialgesetz entschärfen. Sie hat die bewilligungspflichtigen Exportgüter enger umschrieben als die Landesregierung und ist damit dem Drängen der Industrie entgegengekommen.

Die Sicherheitspolitische Kommission wollte sich offenbar nicht dem Vorwurf aussetzen, sie habe in wirtschaftlich schwierigen Zeiten dazu beigetragen, die Wettbewerbsfähigkeit der schweizerischen Maschinenindustrie zu beeinträchtigen. Auch verfehlte das Argument der bedrohten Arbeitsplätze seinen Eindruck auf die Volksvertreter nicht. Kritiker des Entscheids merkten allerdings an, in einem so delikaten Geschäft wie der Waffenausfuhr dürften nicht allein wirtschaftliche Gründe zählen, aussenpolitische und ethische Argumente seien genau so wichtig.

«Scharfe Minen zu profitablem Spiel, würde ich sagen.»

Ein Signal in der Drogenpolitik

94 Wirtschaftsführer fordern Entkriminalisierung des Konsums

Eine kohärente und entideologisierte Drogenpolitik fordern 94 Wirtschaftsführer in einem Grundsatzpapier. In diesem drogenpolitischen «Pakt der Vernunft» unterstützen sie den vom Bundesrat eingeschlagenen Kurs. Sie schlagen darüber hinaus eine breitangelegte kontrollierte Drogenabgabe an Süchtige vor und stellen die Prohibition in Frage.

«Eine unzweckmässige Drogenpolitik kostet die Wirtschaft zuviel, als dass sie abseits stehen darf», heisst es in dem von namhaften Grössen aus Industrie und Wirtschaft unterschriebenen Elf-Punkte-Programm. Fehlgeleitete Steuergelder, Umsatzeinbussen wegen offener Drogenszene, Verslumung von ganzen Quartieren und vor allem der Imageschaden für den Wirtschafts- und Tourismusstandort Schweiz seien Folgen dieser fehlgeleiteten Politik.

«Der einzige Schönheitsfehler: Wir kommen 15 Jahre zu spät.»

BESTECHENDE GESCHENKE

«Wenn ich denke, wie gut mein Frauchen immer zu mir war – und nun ist die Gute in dieser komischen Urne.»

Waldi nicht mehr in der Wurst

14 Kantone bauen in Bazenheid ein Heimtierkrematorium

Damit tote Hunde, Katzen und Meerschweinchen nicht mehr in den Futterkreislauf und damit womöglich wieder auf den häuslichen Teller kommen, wird im st.gallischen Bazenheid ein grosser Ofen für die Kremation von Heimtieren gebaut. 14 Deutschweizer Kantone beteiligen sich an dem Projekt. Im neuen Krematorium soll auch das Vieh verbrannt werden, das vom Rinderwahnsinn befallen ist. Bis zur Inbetriebnahme der neuen Anlage im Toggenburg landen die toten Haustiere via Tierkörpersammelstelle weiterhin in der Bazenheider Tiermehlfabrik, die heute TMF Extraktionswerk AG heisst und jährlich rund 30 000 Tonnen Tierkadaver zu Fleisch- und Futtermehl verarbeitet.

BESTECHENDE GESCHENKE

Das Bosnien-Abkommen steht

Einigung der Präsidenten Serbiens, Bosniens und Kroatiens

Nach einem zwanzigtägigen Verhandlungsmarathon haben die Präsidenten von Serbien, Bosnien und Kroatien mit einem historischen Händedruck einen Frieden im fast vierjährigen Bosnienkrieg beschlossen. Auf dem Luftwaffenstützpunkt Dayton im US-Bundesstaat Ohio paraphierten Slobodan Milosevic, Alija Izetbegovic und Franjo Tudjman das Abkommen, nachdem bereits mit einem Scheitern der Verhandlungen wegen umstrittener territorialer Fragen gerechnet worden war.

Das Papier umschreibt den kleinsten gemeinsamen Nenner, auf den sich die Kontrahenten einigen konnten: Bosnien-Herzogowina soll zwar als Gesamtstaat in seinen jetzigen Grenzen erhalten bleiben, zerfällt aber de facto in zwei Einheiten, die bestehende bosnisch-kroatische Föderation und die von den Serben ausgerufene Republik Srbska. Die Hauptstadt Sarajevo soll als Einheit bestehen bleiben. Der ausgehandelte Frieden soll von einer 60 000 Mann starken Nato-Friedenstruppe, der auch ein russisches Kontingent angehören soll, militärisch gesichert werden. Nach einer Erklärung seines Schirmherrn Bill Clinton läutet das Dayton-Abkommen das Ende der Herrschaft des bosnischen Serbenführers Karadzic und seines Armeechefs Mladic ein.

«Ihr werdet's noch erleben: Für dieses Werk bekommen wir den Friedensnobelpreis.»

Gibt es nach dem ungerechten Krieg den gerechten Frieden?

Nach dem Friedensabkommen von Dayton stellt sich die Frage, wie die Schuld am blutigen Bosnien-Krieg - die Opferzahlen bewegen sich zwischen 25 000 und 250 000 Toten und Vermissten - gesühnt werden kann. Es war ein hasserfüllter Konflikt zwischen ethnischen und konfessionell zerstrittenen Minderheiten, für den die serbische Seite die grösste Verantwortung trägt und in welchem sie mit ihren «ethnischen Säuberungen» die schlimmste Greueltaten verübt hat. Aber unter den 52 Angeklagten des Kriegsverbrecher-Tribunals von Den Haag befinden sich Angehörige aller Volksgruppen. Wie kann man der prominentesten Täter wie Karadzic und Mladic habhaft werden? Und will man ihrer überhaupt habhaft werden? Andere Hauptschuldige werden nicht einmal angeklagt. Im Interesse des Friedens. So ist Serbenführer Milosevic heute ein Mit-Garant des noch unsicheren Friedens. Unter seinem massiven Druck hat Karadzic dem Dayton-Abkommen zähneknirschend zugestimmt.

«Ein Krieg ist nur dann gerecht und moralisch vertretbar, wenn die Waffen gesegnet wurden.»

BESTECHENDE GESCHENKE

Traumstart für Michael von Grünigen & Co.

Die Schweizer entwickeln sich von Abfahrtsbolzern zu filigranen Slalom- und Riesenslalomspezialisten. Während über die Misere der Abfahrer geklagt wurde, legten die «Riesen-Boys» («Blick») bei der Eröffnung zur 29. Weltcupsaison in Tignes (Savoyen) einen Traumstart hin. Der Schönrieder Michael von Grünigen, der wegen einer Fussverletzung und zwei Operationen an der linken Schulter das Schneetraining erst mit Verspätung hatte aufnehmen können, siegte vor dem Norweger Lasse Kjus. Mit den Rängen 3 (Urs Kälin), 4 (Steve Locher) und 6 (Paul Accola) komplettierten die von der Käseunion gesponserten Schweizer ihren Triumph. Selbst die Absenz von Alberto Tomba, der ein Training in den USA dem Weltcup-Auftakt vorzog, konnte ihn nicht im geringsten schmälern.

BESTECHENDE GESCHENKE

Zürcher Kulturschaffende ohne «Götti»

Der Regierungsrat will auch bei der Kultur sparen

Der Zürcher Regierungsrat sucht fieberhaft nach Sparmöglichkeiten im Budget. Da Erziehungsdirektor Ernst Buschor selbst «heilige Kühe abräumen» will, wird der Sparwille auch vor der Kultur nicht haltmachen. Doch die Betroffenen sehen nirgends Sparpotential und verweisen auf bestehende Verträge. Nach der Wahl von Moritz Leuenberger in den Bundesrat sehen sich die Kulturschaffenden aber ohne «Götti» den Sparvorgaben der Finanzkommission ausgesetzt, denn der neue Chef des eidgenössischen Verkehrs- und Energie-Departements hatte sich erst wenige Monate vor seinem Wegzug nach Bern die Kultur zuteilen lassen. Und Leuenbergers «Stellvertreter» in Zürich ist ausgerechnet Eric Honegger, der Vorsteher des Finanzdepartements...

«Dass Dein Hermelinmantel der Sparwut zum Opfer fällt, war wohl zu erwarten, dass sie Deinen Gegenspieler streichen, wundert mich schon sehr, und dass sie den Zuschauern die Stühle weggeschraubt haben, finde ich einfach Spitze.»

BESTECHENDE GESCHENKE

Zwangsferien für 800 000 Beamte

Budgetpoker zwischen Clinton und den Republikanern

Der Budgetstreit zwischen US-Präsident Bill Clinton und der Republikanischen Partei hat die Staatsverwaltung weitgehend stillgelegt: Rund 800 000 Bundesangestellte sind in unbezahlte Zwangsferien geschickt worden.

Rien ne va plus

Bei der Budgetkrise geht es um fundamentale politische Differenzen zwischen dem Demokraten im Weissen Haus und den republikanischen Kongress-Führern Bob Dole und Newt Gingrich. Die Republikaner, die im Kongress in der Mehrheit sind, wollen die Bundesverwaltung in Washington grundlegend umkrempeln und vor allem abbauen. Sie haben gelobt, das Bundesbudget mit einer finanziellen Rosskur bis zum Jahr 2002 ins Gleichgewicht zu bringen, was ohne massive Einschnitte im Sozialbereich nicht zu realisieren ist.

Wie sicher ist Tschernobyl?

Keine Einigung mit dem Westen über die KKW-Schliessung

Neun Jahre nach der Katastrophe sind die Verhandlungen zwischen der Ukraine und dem Westen über die Schliessung des Kernkraftwerks nicht zu einem Abschluss gekommen.

In einem letzten Angebot hatte die Gruppe der sieben führenden Industrienationen (G-7) die Finanzhilfe auf 2,3 Milliarden US-Dollar aufgestockt, was aber der ukrainischen Regierung in Kiew noch nicht genügte. Laut unabhängigen Gutachten entsprechen die Reaktoren trotz Nachrüstungen nicht den westlichen Sicherheitsstandards. Die Verantwortlichen behaupten, dass das Werk zuverlässig funktioniere. Es verbleibe ihm eine Lebensdauer von 15 Jahren, eine vorzeitige Betriebsschliessung zöge einen Verlust von 4 Milliarden Dollar nach sich. Die Ukraine könne sich diesen «unnötigen Luxus» nicht leisten. Die Wirtschaft des Landes liege darnieder und brauche dringend Strom. Wenn der Westen Tschernobyl, zum Symbol für das Unheil der Atomkraft geworden, schliessen wolle, müsse er die ganzen Kosten übernehmen.

«Du müssen einen Moment warten – amerikanisches Brüderchen selbst pleite – du verstehen: Wir keine Klebe.»

BESTECHENDE GESCHENKE

Es wird umdekoriert

Oskar gibt der SPD Zuversicht

Vorsitzender Scharping am Mannheimer Parteitag abgewählt

Erstmals seit 1945 hat die SPD einen Vorsitzenden abgewählt: Weil der Parteitag in Mannheim die Ueberzeugung gewann, der seit zwei Jahren amtierende Rudolf Scharping könne die Krise der Partei nicht meistern, hat er den stellvertretenden Parteivorsitzenden Oskar Lafontaine auf den Schild erhoben.

Mit einer brillanten Rede, welche die Parteitagsdelegierten begeisterte, hatte sich der «Napoleon von der Saar» für den Ueberraschungscoup empfohlen. In einer Kampfwahl schlug er Scharping dann klar mit 321 zu 190 Stimmen. Mit dem neuen Vorsitzenden sollen die Personalquerelen bei den deutschen Sozialdemokraten ein Ende nehmen. Doch da der saarländische Ministerpräsident 1990 als Kanzlerkandidat gegen Helmut Kohl gescheitert ist, dürfte sich der niedersächsische Regierungschef, Gerhard Schröder, von Scharping als wirtschaftspolitischer Sprecher der Partei gefeuert, Chancen auf die SPD-Kanzlerkandidatur von 1998 ausrechnen. Der Zweikampf Scharping-Schröder könnte also von einem Duell Lafontaine-Schröder abgelöst werden.

BESTECHENDE GESCHENKE

«Brisantes» bleibt verborgen

Von-Wattenwyl-Gespräche enden ohne Koalitionspapier

Die Bundesratsparteien wollen die grossen Probleme der nächsten Jahre nicht mit einem Koalitionspapier anpacken, sondern mit «konstruktiven Kompromissen.» Dies ergaben die Gespräche der Spitzenpolitiker von SP, FDP, CVP und SVP mit der Landesregierung im Berner Von-Wattenwyl-Haus.

Insgesamt habe der Bundesrat die Felder in seinem Legislaturprogramm ähnlich abgesteckt wie die Parteien, erklärte FDP-Präsident Franz Steinegger, doch würden sich hinter den Zielen der Regierung «brisante Entscheide und politische Sprengsätze» verbergen. Als Beispiel nannte der Urner Nationalrat das angestrebte reale Nullwachstum der Ausgaben: Weil der noch mögliche Zuwachs bereits für Krankenversicherung und AHV konsumiert sei, brauche es in den anderen Bereichen eine Verzichtplanung und einen eigentlichen Abbau.

«Wenn wir einander mal keine Fallen stellen, können wir durchaus auch miteinander gegen einen Dritten arbeiten.»

Delamuraz bei der EU-Kommission abgeblitzt

Europäische Union beharrt auf freiem Personenverkehr

Das Treffen von Bundesrat Jean-Pascal Delamuraz mit den drei massgeblichen Kommissaren der Europäischen Union in Strassburg hat die bilateralen Verhandlungen nicht vom Fleck gebracht. Nach wie vor blockiert die Forderung Brüssels, den EU-Bürgern den freien Zugang zum Schweizer Arbeitsmarkt zu gewähren, jeglichen Fortschritt in den übrigen, schon weit gediehenen Verhandlungsbereichen.

In seinen Gesprächen mit der EU-Kommission bot Delamuraz vergeblich die Bereitschaft der Schweiz an, die von der EU geforderte Freizügigkeit als strategisches Ziel zu akzeptieren. Der italienische Kommissar Mario Monti erwiderte postwendend, diese Absichtserklärung genüge der Union bei weitem nicht. Der Trick, mit der sogenannten Evolutiv-Klausel zu einem baldigen Abschluss der bilateralen Verhandlungen zu kommen, wird damit immer aussichtsloser. Auch im Verkehrsbereich herrscht weiterhin Konfrontation: In einem Gespräch mit Verkehrsminister Moritz Leuenberger rückte der verantwortliche EU-Kommissar Neil Kinnock nicht von der Forderung ab, die Schweiz müsse die 28-Tonnen-Limite aufgeben.

Der Luftverkäufer

BESTECHENDE GESCHENKE

Mit Traktoren gegen den Preiszerfall

Bauern-Blockade gegen Migros und Coop: Millionenverluste

In einer Nacht-und-Nebel-Aktion blockierten Tausende von Bauern mit ihren Traktoren und Mähdreschern rund ein Dutzend Verteilzentren von Migros und Coop. Mit ihrer überraschenden Blockade störten die «für eine faire Agrarpolitik» kämpfenden Landwirte die Versorgung der Läden mit Frischprodukten am Wochenende empfindlich. Die Grossverteiler beklagten Millionenverluste und reichten Strafklage ein.

Recht heruntergekommen

Bauernblockade: Nur symbolische Bussen

Fünf Landwirte, die für die Bauernblockade gegen Verteilzentren von Migros und Coop die Verantwortung übernommen haben, müssen je 200 Franken Busse bezahlen. Die Untersuchungen gegen die übrigen Teilnehmer sind eingestellt worden, sie gehen straffrei aus.

In der Protestblockade manifestierte sich die grosse Wut der Schweizer Bauern über ihre «ruinöse Einkommenssituation» und die dramatisch gefallenen Schlachtviehpreise. Sie machten für die Landwirtschaftsmisere massgeblich die Grossverteiler verantwortlich, die beschuldigt wurden, billige und unkontrollierte Massenprodukte aus dem Ausland einzuführen. Dagegen machte ein Migros-Sprecher geltend, die Krise auf dem Fleischmarkt sei der total verfehlten Landwirtschaftspolitik der letzten Jahre zuzuschreiben, welche die Bauern selbst gefördert hätten. Positives Resultat des «Bauernaufstandes»: man setzte sich zusammen an einen Tisch.

Obwohl mehrere tausend Bauern aus der Deutsch- und der Westschweiz die Auslieferung von Frischprodukten verhindert und damit Millionenschäden verursacht haben, sind nur im Kanton Zürich Strafuntersuchungen aufgenommen worden, die nun mit symbolischen Bussen für die Organisatoren abgeschlossen worden sind. Der Erste Staatsanwalt Marcel Bertschi räumt zwar ein, dass alle Blockadeteilnehmer den Straftatbestand der Nötigung erfüllt haben, erklärt dann aber augenzwinkernd, mit den wenigen Bussen sei der Strafanspruch des Staates befriedigt und ein unnötiger Aufwand der Justizbehörden vermieden worden. Er habe den Organisatoren auch gesagt: «Ihr könnt nicht gut in Inseratenkampagnen fordern, dass Gesetzesbrecher bestraft werden müssen – und dann selbst straffrei bleiben wollen.»

BESTECHENDE GESCHENKE

FC Zürich kämpft gegen den Abstieg

Goal-Laden endgültig heruntergelassen.

Die Qualifikationsspiele der Fussballmeisterschaft endeten für den FC Zürich so unglücklich, wie sie begonnen hatten. Schliesslich hatte der Stadtklub aus 22 Runden gerade 18 Punkte auf dem Konto. Damit fällt dem Letzigrund-Team einmal mehr die zweifelhafte Ehre zu, die Nationalliga A im Auf-/Abstiegskampf zu vertreten. Während die Stadtrivalen vom Grasshoppers-Club als Favoriten in die Finalrunde steigen, müssen die von Raimondo Ponte trainierten FCZ-ler zusammen mit Lausanne, Lugano und den Berner Young Boys gegen den Sturz in die Nationalliga B kämpfen.

«Lassen Sie mich raten. Sie wollen einen gewissenlosen Gentechnokraten patentieren lassen.»

Grosser Rummel um kleine Maus

Das Krebsmaus-Patent bleibt vorläufig in Kraft

Im Tumult und ohne den erwarteten Entscheid sind am Sitz des Europäischen Patentamts (EPA) in München die Einspruchsverhandlungen zum ersten patentierten Säugetier in Europa - der Krebsmaus - abgebrochen worden. Vorläufig bleibt das Krebsmaus-Patent daher in Kraft.

Vor dem abrupten Ende hatten fast alle Einspruchsparteien aus Protest den Saal verlassen. Die Einspruchsabteilung hatte zuvor dem Vertreter der Patentinhaberin, der Harvard-Universität, klargemacht, das Patent könne nur bestätigt werden, wenn es sich auf Labortiere beschränke. Es gilt für alle Säugetiere, die mit einem Krebsgen gentechnologisch verändert wurden.

45

BESTECHENDE GESCHENKE

«Ich hätte ja nichts dagegen, wenn sie nicht unsereins schon mit 45 zwangspensionieren würden.»

Nestlé stellt die Weichen neu

Oesterreicher wird Schweizer Nahrungsmittel-Multi leiten

Nahrungsmittel-Multi Nestlé bekommt 1997 einen neuen Konzernchef, wie Verwaltungsratspräsident Helmut Maucher in Vevey bekanntgab. Generaldirektor Peter Brabeck, ein 51jähriger Oesterreicher, soll dann als Nachfolger des 68jährigen Deutschen Maucher Verwaltungsratsdelegierter werden. Maucher will bis zum Erreichen der Altersgrenze von 72 Jahren Verwaltungsratspräsident bleiben.

Durch diese Ankündigung sind frühzeitig die Weichen für die künftige operative Führung des grössten Schweizer Multis gestellt worden. Damit will «Mister Nestlé», der seit 1990 das Doppelamt VR-Präsident und VR-Delegierter an der Konzernspitze besetzt, möglicher Unruhe im Unternehmen vorbeugen: «Es gehört zum Nestlé-Stil, dass sich alle den getroffenen Entscheidungen anschliessen.» In Mauchers Amtszeit fielen eine ganze Reihe spektakulärer Uebernahmen. «Wenn ich den kurzfristig orientierten Shareholder-Value-Fetischisten folgen würde, könnte ich jederzeit den Gewinn von Nestlé in die Höhe treiben – aber so kann man kein grosses Unternehmen aufbauen», erklärte er in einem Interview seine Strategie.

BESTECHENDE GESCHENKE

«Herr Nachbar, darf ich Ihnen ein Aspirin anbieten? Kostet bei mir 30 Rappen weniger.»

Migros plant neuen Coup

Einstieg in den Markt der rezeptfreien Medikamente

Die Migros will ein weiteres Marktsegment erschliessen: Der grösste Schweizer Detailhändler plant, künftig rezeptfreie Medikamente und Drugstore-Artikel zu verkaufen.

Der geplante Einstieg der Migros in den sogenannten Selfcare-Bereich hat bei Drogerien und Apotheken Unruhe ausgelöst. Der Markt befindet sich ohnehin im Umbruch, und zudem sollen auch ausländische Ketten mit einem Vorstoss in die Schweiz liebäugeln, wo jährlich 1,2 Milliarden Franken für rezeptfreie Medikamente ausgegeben werden. Dem Restrukturierungsprozess sind in den letzten zehn Jahren bereits 140 Drogerien zum Opfer gefallen, die verbliebenen 900 erzielen noch einen Umsatz von 900 Millionen Franken.

«Nehmen Sie's mir nicht übel, Herr Bundesrat. Aber Sie sind kein Fall für einen Herzspezialisten, sondern für einen Störschreiner.»

Schweren Herzens abgesagt

Efta-Konferenz in Zermatt ohne Bundesrat Delamuraz

Die Efta-Ministerkonferenz in Zermatt ist ohne ihren Präsidenten Jean-Pascal Delamuraz eröffnet worden. Die Aerzte haben dem herzkranken Wirtschaftsminister dringend abgeraten, vor der geplanten Herzklappenoperation in die Alpen zu fahren. Neben den Vertretern der Efta-Partner Norwegen, Island und Liechtenstein wollte er dort Minister aus den baltischen Staaten Litauen, Lettland und Estland begrüssen, mit denen die Efta Freihandelsverträge abschliessen will, sowie Minister aus Aegypten, Tunesien und Marokko, mit denen Kooperationsabkommen ausgehandelt werden sollen. Nicht verzichten will der seit elf Jahren der Landesregierung angehörende 59jährige Waadtländer auf die anstehende Wiederwahl in den Bundesrat und auf das Amt des Bundespräsidenten für 1996.

BESTECHENDE GESCHENKE

«Einer von uns beiden sollte das Steuer übernehmen, Jacques.»

Massenstreiks und Rekordstaus in Frankreich

Juppés Sparpläne stossen auf erbitterten Widerstand

Ungeachtet der Massenproteste und des wachsenden Streikchaos zeigt sich die französische Regierung zur Durchsetzung ihrer umstrittenen Sparpläne entschlossen. Das Land ist weitgehend gelähmt. Der Streik im öffentlichen Nahverkehr der Hauptstadt Paris hat zu Rekordstaus auf einer Gesamtlänge von 620 Kilometern geführt.

Im Präsidentschaftswahlkampf hatte Jacques Chirac noch mehr Arbeitsplätze und mehr Sozialstaat versprochen, von Abbau und Sparplänen hatte er nichts erzählt. Der rigorose Sparplan seines Premierministers Alain Juppé, der u.a. einen Abbau des Personals der Staatsbahnen um 180 000 Bedienstete und die Stilllegung zahlreicher regionaler Linien vorsah, stiess auf den erbitterten Widerstand der Gewerkschaften. Dem Ausstand der Transportdienste schlossen sich die Angestellten und Beamten des öffentlichen Sektors und der Banken und Versicherungen an. Auch sieben der 21 Atomkraftwerke wurden bestreikt. Schliesslich versprach Juppé Zugeständnisse und berief einen «Sozialgipfel» zwischen sämtlichen Sozialpartnern und der Regierung ein.

Beide voll in der Schusslinie

BESTECHENDE GESCHENKE

Strafuntersuchung gegen Zürcher Polizeichefs

Polizeiaffäre weitet sich aus: Homberger schwer unter Beschuss

Langsam zeichnen sich die kriminellen und politischen Dimensionen der Zürcher Polizeiaffäre ab. Nun untersucht die Zürcher Bezirksanwaltschaft, ob dem suspendierten Kapo-Chef Eugen Thomann und seinem Vorgänger Claude Baumann im Fall des verhafteten Hauptmanns Hansjörg Spring, gegen den wegen Betrug und ungetreuer Amtsführung ermittelt wird, Begünstigung vorgeworfen werden muss. Die parlamentarische Geschäftsprüfungskommission (GPK) erhebt in ihrem Bericht an den Kantonsrat schwere Vorwürfe gegen Regierungsrat Ernst Homberger, der als Polizeidirektor bei der Aufdeckung der Missstände völlig versagt habe.

Die beiden Polizeikommandanten stehen im Verdacht, es pflichtwidrig unterlassen zu haben, gegen ihren Untergebenen Spring eine Strafuntersuchung einzuleiten. Thomann untersuchte die Affäre Spring voreingenommen, und Polizeidirektor Homberger vertraute ihm blind. Der jetzt dem Volkswirtschaftsdepartement vorstehende FDP-Politiker gesteht ein, die Affäre um den Leiter der Technischen Abteilung der Kantonspolizei unterschätzt und Unterlassungen begangen zu haben. Er weigert sich aber, die politischen Konsequenzen aus seinem Versagen zu ziehen und zurückzutreten.

«Ist doch ganz einfach: Hat man keine Hände, kann man nichts machen. Kann man nichts machen, kann man nichts falsch machen: Also unschuldig.»

«Sie täuschen sich, Mann - ich bin nicht der Schneider, ich bin der Schreiner.»

BESTECHENDE GESCHENKE

«Ich darf die Delegation jetzt nicht stören. Solche Verhandlungen sind schliesslich kein Kinderspiel.»

Elektrowatt schnappt sich Landis & Gyr

Milliardendeal in der Schweizer Industrie

Zu ihrem 100. Geburtstag kauft sich die Elektrowatt für 1,8 Milliarden Franken den Zuger Elektrokonzern Landis & Gyr. Die Uebernahme ist eine der grössten Transaktionen, die je in der Schweizer Industriegeschichte stattgefunden hat.

Mit dem Weihnachtsgeschenk, das sich die Tochter der CS Holding gemacht hat, kann sie den Bereich der Gebäudetechnik gewaltig ausdehnen und auf dem Weltmarkt eine stärkere Position einnehmen. Freuen kann sich auch der Unternehmer Stephan Schmidheiny, der als grösster Aktionär des Zuger Elektrokonzerns für sein 35-Prozent-Paket 630 Millionen Franken löst. Für Zug ist die Uebernahme allerdings ein Schock, denn die traditionsreiche Landis & Gyr verschwindet als selbständiges Unternehmen. Und auch die Frage, ob die angestrebten Synergien Entlassungen zur Folge haben werden, ist noch ungeklärt.

«Tut mir leid, Signor Cotti - Ihre Gemeinschaft ist in Europa nicht bekannt.»

Ein Prüfstein für die OSZE

Sicherheitsforum vor einer schwierigen Aufgabe in Bosnien

Die Organisation für Sicherheit und Zusammenarbeit in Europa (OSZE) schaltet sich aktiv in den Friedensprozess für Ex-Jugoslawien ein. Das Friedensabkommen von Dayton beauftragt die OSZE, die Vorbereitung und Durchführung von freien Wahlen in der Vielvölkerrepublik zu überwachen.

Die Leitung der Operation obliegt einem Missionschef in der Person des US-Diplomaten Robert Frowick, der direkt dem amtierenden OSZE-Vorsitzenden, dem Schweizer Aussenminister Flavio Cotti, unterstellt ist. Ihm stehen 200 bis 300 Beobachter zur Seite, die über ganz Bosnien verteilt sind.

BESTECHENDE GESCHENKE

Ohne Ablösesumme und Ausländerklausel

Europäischer Gerichtshof: Transfersystem ist illegal

Der Europäische Gerichtshof in Luxemburg hat das Transfersystem und die Ausländerregelung im Profi-Fussball für rechtswidrig erklärt. Die Richter gaben mit diesem Urteil einer Klage des Belgiers Jean-Marc Bosman Recht, dessen Wechsel vom belgischen Erstligisten FC Lüttich zum französischen Zweitligisten Dünkirchen vor fünf Jahren an einer zu hohen Ablösesumme gescheitert war.

Der Gerichtshof kam zum Schluss, die Transferregeln stellten eine Beeinträchtigung der Freizügigkeit der Arbeitnehmer dar und verletzten damit die Römer Verträge. Zudem sollen beliebig viele Ausländer aus dem EU-Raum in einer Mannschaft spielen dürfen. Uebrigens hat das Bundesgericht ohne entsprechende Konsequenzen schon vor über 20 Jahren im Fall des Schweizer Nationalspielers Georges Perroud entschieden, dass Transfersummen in der Schweiz unzulässig sind. Nach dem Luxemburger Urteil und den Reaktionen der internationalen Fussballverbände hat eine Kommision der Nationalliga beschlossen, die Transferentschädigungen nicht sofort, sondern sukzessive in drei Jahresschritten abzubauen.

Beim Strassenbau aufgestockt

Der Nationalrat verfehlt sein Sparziel

Gegen den Willen der Finanzkommission und des Finanzministers Kaspar Villiger hat der Nationalrat die Ausgaben für die Nationalstrassen um 163,5 Millionen Franken aufgestockt. Das Budgetdefizit konnte dadurch nicht unter die Vier-Milliarden-Grenze gedrückt werden.

Bundesrat Villiger argumentierte, das Parlament habe die Strassenausgaben im Rahmen der Sanierungsmassnahmen für den Bundeshaushalt gekürzt. Wenn der Nationalrat jetzt das Sparprogramm wieder über Bord werfe, so erwecke dies Zweifel an seinem Sparwillen. Aber der freisinnige Finanzminister fand im Nationalrat so wenig Gehör wie im Ständerat. Die Romands und die Strassenlobby setzten ihren Willen durch.

Seltsame Prioritäten

BESTECHENDE GESCHENKE

Auf verlorenem Posten

Die Schweizer Diplomaten, die in Brüssel die bilateralen Verhandlungen mit der Europäischen Union führen, sind um ihren Job wahrlich nicht zu beneiden. Weil sich in der Heimat die europaoffenen Kräfte und der jeglichen Zugeständnissen abholde Blocher-Block in starren Fronten gegenüberstehen, müssen sie den EU-Unterhändlern immer wieder erklären, dass es der Schweiz nicht möglich sei, im Personenverkehr die von der EU geforderte Maximalintegration mit vollständiger Freizügigkeit zu akzeptieren, da ein solcher Vertrag in der Volksabstimmung derzeit mit hoher Wahrscheinlichkeit scheitern würde. Und ein weiteres Debakel in einer Europa-Abstimmung kann sich die Schweiz schlichtweg nicht mehr leisten.

«Ich glaube, der auf der hintersten Scholle signalisiert uns Gesprächsbereitschaft.»

Der «Euro» ist geboren

EU-Chefs hoben Namen der Einheitswährung aus der Taufe

An ihrem Gipfeltreffen in Madrid haben sich die Staats- und Regierungschefs der Europäischen Union auf den definitiven Namen der neuen europäischen Einheitswährung geeinigt, die ab 1999 zuerst in Form von Buchgeld und ab 2002 dann auch in der konkreten Gestalt von Noten und Münzen ausgegeben werden soll: Sie wird schlicht «Euro» heissen.

Frankreichs Staatspräsident Jacques Chirac und die Brüsseler Kommission hätten den bereits eingeführten «Ecu» dem «Euro» vorgezogen, scheiterten aber am entschlossenen Widerstand des deutschen Bundeskanzlers Helmut Kohl und seines Finanzministers Theo Waigel, die geltend machten, sie könnten den mehrfach abgewerteten «Ecu» ihren Bürgern nicht als Ersatz für die harte DM verkaufen.

«Der Cul ist auf französisch unanständig, der Euro auf griechisch - was hältst du davon, wenn wir ihn Franc oder so ähnlich nennen würden?»

BESTECHENDE GESCHENKE

«SScharfes» Geschütz

Sturm um Haiders Lob für die Waffen-SS

Die «Hochachtung», die Jörg Haider den Veteranen der Waffen-SS in einer Rede in seinem Stammland Kärnten bekundete, bleibt ohne Konsequenzen für den Führer der Freiheitlichen Partei Oesterreichs: Alle neun FPÖ-Landesvorsitzenden und ihre Stellvertreter stellen sich geschlossen hinter die Aussagen ihres Chefs. In seiner skandalösen Rede hatte der Rechtspopulist den Veteranen von Hitlers gefürchteten Totenkopfverbänden bescheinigt, «anständige Menschen zu sein, die auch bei grösstem Gegenwind zu ihrer Ueberzeugung stehen und dieser bis heute treu geblieben sind.»

Primaten im Vormarsch

Der Kampf um die Seele Amerikas

Die wahltaktischen Geplänkel im Vorfeld des amerikanischen Präsidentschaftswahlkampfes haben sich bei den Republikanern zu einer kulturkämpferischen Offensive ausgewachsen. Mit rabiaten Parolen drängen die Konservativen auf eine Rückwende zu traditionellen Werten.

Präsidentschaftsanwärter Bob Dole betont die Notwendigkeit einer «geistig-moralischen Erneuerung», führt einen Feldzug gegen den «Unterhaltungsschund» der Traumfabrik Hollywood und geisselt den verderblichen Einfluss der Rap-Musik, die sich mit ihren Gewalthymnen an der «unschuldigen amerikanischen Jugend» versündige. Eigentlicher Vordenker im Kampf der Republikaner um die Seele Amerikas ist aber Newt Gingrich, der Sprecher des Repräsentantenhauses, der am liebsten alle kulturellen Fördergelder streichen würde. In seinem Buch «To Renew America» ruft er zu einer altpuritanischen Arbeitsethik des Sparens, des Selbstverzichts und des Familiensinns auf und jubelt das 19. Jahrhundert hoch. Eine nicht in dieses Bild passende Skandalaffäre hat den grossen Sieger der letzten Kongresswahlen dann allerdings weitgehend seiner Glaubwürdigkeit und damit aller Hoffnungen auf die republikanische Präsidentschaftskandidatur beraubt.

BESTECHENDE GESCHENKE

«Nehmt ihr mir jetzt endlich die Binde ab, damit ich sehen kann, was ihr so lustig findet.»

Maurer in der Elefantenrunde

Zürcher Nationalrat zum SVP-Präsidenten gewählt

Die in Frauenfeld tagenden SVP-Delegierten wählten den als einzigen Kandidaten antretenden Zürcher Nationalrat Ueli Maurer mit 333 gegen 27 Stimmen bei 62 Enthaltungen zum neuen Parteipräsidenten als Nachfolger des Thurgauer Ständerats Hans Uhlmann. In seiner programmatischen Antrittsrede erklärte Maurer, als einzige sich im Aufwind befindliche bürgerliche Partei müsse die SVP zum ordnungspolitischen Gewissen der Schweiz werden.

Die Nomination des 46jährigen Geschäftsführers des zürcherischen Bauernverbandes hatte nach den Absagen mehrerer Wunschkandidaten in den Hochburgen traditionell liberaler SVP-Politik nicht eitel Freude ausgelöst. Man befürchtete, dass eine Wahl des parteiintern dem Blocher-Flügel zugerechneten Maurer als Signal verstanden werde, dass die SVP künftig einen strammen Rechtskurs steuern will. Angesicht des Kräfteverhältnisses in der Partei wurde aber auf die Nomination eines Gegenkandidaten verzichtet: Maurers Einzug in die Elefantenrunde der Parteipräsidenten stand nichts mehr im Wege.

Kehricht ins Cheminée, Gift in die Luft

Obwohl das 1994 vom Zürcher Volk angenommene und nun in Kraft getretene Abfallgesetz das Verbrennen von nichtpflanzlichen Abfällen ausserhalb von bewilligten Anlagen verbietet, «entsorgen» nach Schätzungen von Kaminfegern rund zehn Prozent der Cheminée-Besitzer ihren Kehricht illegal in der guten Stube oder in Gartencheminées. Mit der Einführung der Kehrichtsackgebühr hat die Zahl der Wildentsorger noch zugenommen. Ihr Tun bildet für Mensch und Umwelt eine Gefahr, weil die Luft mit krebserregendem Dioxin massiv mehrbelastet wird.

BESTECHENDE GESCHENKE

Ausbau, Umbau oder Abbau?

Diskussion um den Sozialstaat Schweiz neu lanciert

Mit der Veröffentlichung eines sogenannten Weissbuchs mit dem griffigen Titel «Mut zum Aufbruch» hat eine Gruppe von neunzehn Unternehmern, Topmanagern und Professoren rund um den ABB-Co-Präsidenten David de Pury die Diskussion um den Sozialstaat Schweiz neu lanciert. Dabei geht es um die zentrale Frage: Drängt sich bei den Sozialversicherungen ein Ausbau, Umbau oder Abbau auf?

Die Kontroverse um die Zukunft des Sozialstaates und die Deregulierungsdebatte sind nach der Veröffentlichung des Manifests «Mut zum Aufbruch» voll entbrannt. De Pury und seine prominenten Mitstreiter, zumeist Einkommensmillionäre, fordern unter anderem einen finanziellen Totalumbau der Sozialversicherungen, das Einfrieren der Bundesausgaben sowie die Privatisierung von Bahn, Post und Telecom. Zugunsten der Revitalisierung der Wirtschaft soll mit den Vorschlägen eine Umverteilungsmaschinerie losgetreten werden. Die Forderungen nach einem sozialen und fiskalischen Umbau des Landes lösten einen Entrüstungssturm in der Oeffentlichkeit aus und trugen den Weissbuch-Herausgebern eine saftige Schelte des freisinnigen Wirtschaftsministers Jean-Pascal Delamuraz ein.

«Tut mir leid, Vater, es geht nicht anders.»

David de Pury: «Wir alle gehören zur Wirtschaft.»

55

BESTECHENDE GESCHENKE

«Unter uns: Ich bin auch gegen Atomkraft, ich grabe nur nach der Entschädigung von 300 Millionen.»

Steuergelder für ein Luftschloss

KKW Graben endgültig begraben: Bund zahlt 227 Millionen

Die Kernkraftwerk Graben AG erhält vom Bund als Entschädigung für ihr nie gebautes Kraftwerk 227 Millionen Franken. Auf diesen Vergleich einigten sich die beiden Parteien und beendeten damit einen 15 Jahre dauernden Rechtsstreit. Das Bundesgericht hatte 1994 entschieden, dass der Bund die KKW-Projekteure angemessen zu entschädigen habe, selbst aber keinen Betrag in seinem Urteil festgesetzt.

Die Kernkraftwerk Graben AG hatte ursprünglich Schadenersatzforderungen in Höhe von 300 Millionen plus Zinsen gestellt. Das Projekt für ein KKW in Graben im bernischen Oberaargau ist die zweite Atomanlage, für deren Nichtrealisierung der Bund eine Entschädigung ausrichtet: Die KKW Kaiseraugst AG hatte 1989 vom eidgenössischen Parlament 350 Millionen zugesprochen erhalten. Dieser Fall lag insofern anders, als die Kaiseraugst AG nicht nur über eine Standortbewilligung verfügte wie Graben, sondern auch über eine von den eidgenössischen Räten genehmigte Rahmenbewilligung.

Die sportliche Dummheit des Jahres

Wutausbruch Rossets kostet Sieg im Hopman-Cup

Eine Affekthandlung Marc Rossets kostete die Schweiz den möglichen Sieg beim Hopman-Cup im australischen Perth. Der Genfer verletzte sich bei einem Wutausbruch mit einem Faustschlag gegen die Bande und musste die inoffizielle Mixed-WM als Partner von Martina Hingis im entscheidenden Doppel gegen Kroatien beim Stand von 6:3, 6:7 und 5:5 aufgeben.

Rossets Partnerin hatte die Schweiz mit einem überragenden Sieg gegen Iva Majoli mit 6:3, 6:0 in Führung gebracht, ehe der Olympiasieger von Barcelona sein Einzel gegen Goran Ivanisevic mit 6:7, 5:7 verlor. Im Doppel konnten Rosset/Hingis vier Matchbälle nicht verwerten, worauf der exzentrische Romand nach einem Fehlentscheid der Stuhlschiedsrichterin den Traum vom Titelgewinn und dem Preisgeld von 150 000 Dollar mit seinem Faustschlag zerstörte. Bitter vor allem für die 15jährige Rheintalerin, die die auffälligste Figur des Turniers war.

BESTECHENDE GESCHENKE

Theater ums Bernhard-Theater

Chaotischer Streit um die vom Finanzkollaps bedrohte Schwankbühne

In den Kulissen blinken lange Messer, tölpelhafte Intrigen werden gesponnen, am Krankenlager des neuen Direktors Vincent Grabowsky tagt eine Generalversammlung und kürt die Volksschauspielerin und Sängerin Monika Kälin zur einzigen Verwaltungsrätin. Allerdings sind Irrungen, Verwicklungen und ein Netz von Fallstricken nicht die unentbehrlichen Versatzstücke eines gutgebauten Schwanks: Das Stück ist bitterer Ernst. Der schillernde Theaterimpresario Eynar Grabowsky, der die Boulevardbühne am Zürcher Bellevue nach dem Hinschied ihres Gründers, des Basler Komikers Rudolf Bernhard, seit 1962 geleitet hatte, hinterliess nach seinem Freitod einen finanziellen Scherbenhaufen in Millionenhöhe. Ein Rettungskomitee mit alt-Regierungsrat Alfred Gilgen und bewährten Theaterfachleuten an der Spitze passte Vincent Grabowsky, der als Direktor des Bernhard-Theaters und der vor dem Konkurs stehenden Scala-Theater AG endlich aus dem Schatten seines Bruders treten und selbst die Fäden in die Hand nehmen wollte, nicht in den Kram. Das Gerangel um das Erbe Eynar Grabowskys geriet vollends zur Realsatire über das Volkstheater, als Vincent die von ihm zur Verwaltungsrätin ernannte Monika Kälin mit dem Vorwurf der Inkompetenz wieder abschiessen wollte, weil sie dem Transfer von Theatereinnahmen den Riegel schob.

«Ich finde nix, null, zero - und mir hat er immer vorgeschwärmt von den Brettern, die das Geld bedeuten.»

BESTECHENDE GESCHENKE

Krankenkassen ziehen die Notbremse

Durch Tarifstopp neuen Prämienschub verhindern

Forderungen nach höheren Spitaltaxen in fast allen Kantonen haben die Krankenkassen aufgeschreckt. Sie befürchten Mehrbelastungen, welche für die Versicherten erneut massive Prämienerhöhungen zur Folge hätten. Die Kassen haben daher auf schweizerischer Ebene beschlossen, keine Taxerhöhungen mehr zu akzeptieren, ein Vorgehen, das für die Kantone als Spitalträger «nicht vertretbar» ist.

Mit ihrem Beschluss, im Bereich der Spitaltaxen in diesem Jahr keine Erhöhungen mehr zu genehmigen, haben die Krankenkassen bei Sanitätsdirektoren, Spitälern und Aerzten Kritik und Protest ausgelöst. Dies ist ein Signal, dass das neue Krankenversicherungsgesetz zu wirken beginnt und dass es endlich an der Zeit ist, überzählige Spitalbetten abzubauen. Nur so kann im Spitalbereich der Kostenexplosion entgegengetreten werden.

«Ach, das ist nur der Beifall der Sanitätsdirektoren, Aerzte und Spitalleiter.»

«Das ideale Krankenkassen-Mitglied, würde ich sagen: zehnjährig, männlich.»

Aeltere Personen abgewimmelt

Ombudsmann fordert Ehrenkodex gegen Missbräuche

Wegen ihrer Aufnahmepraxis sind die Krankenkassen selbst unter Beschuss geraten: Nicht alle Bewerberinnen und Bewerber sind ihnen gleich genehm. Beim Ombudsmann für die soziale Krankenversicherung, alt-Bundesrichter Kurt Sovilla, haben sich zahlreiche ältere Personen gemeldet, die abgewimmelt wurden. Er regt deshalb an, die Krankenkassen sollten einen Ehrenkodex erlassen, da solche Vorkommnisse ihrem Image schaden könnten. Nach dem neuen Krankenversicherungsgesetz müssen die Krankenkassen alle Erwachsenen einer bestimmten Region zu den gleichen Bedingungen aufnehmen. Dies gilt auch für Personen, die bisher nirgends versichert waren, jetzt aber dazu gezwungen sind. Da vor allem ältere Versicherte für die Kassen zu einem Verlustgeschäft werden könnten, versuchen einzelne Kassen nun offensichtlich, solche Risiken fernzuhalten.

BESTECHENDE GESCHENKE

«Ein bisschen Wind aus der alten PR-Maschine, und alles wirkt viel dynamischer.»

Fast alles neu für «10 vor 10»

Stolz präsentierte die vom Boulevardblatt «Blick» nach dem Abgang des beliebten Zeigefinger-Moderators Walter Eggenberger hart angeschossene «10 vor 10»-Chefin Jana Caniga, was sich beim erfolgreichen Nachrichtenmagazin von SF DRS alles geändert hat: das neue Signet, die neue Erkennungsmelodie, die neue Kulisse und das neue Inhaltsverzeichnis: Alles dynamisch, bunt und zeitgenössisch. Nur an der inhaltlichen Mischung soll nichts geändert werden.

BESTECHENDE GESCHENKE

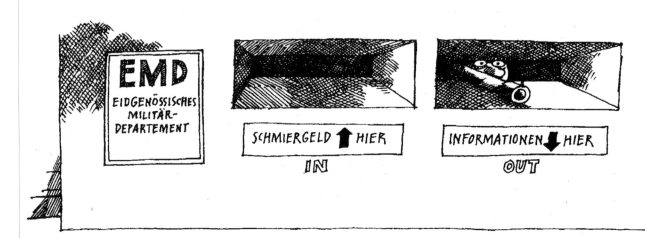

Affäre Nyffenegger weitet sich zum EMD-Skandal aus

Korruption und Sicherheitsrisiko beschäftigen die Justizbehörden

Der 60jährige Generalstabsoberst Friedrich Nyffenegger war im Eidgenössischen Militärdepartement (EMD) der Mann für heikle Missionen. Aber der geltungssüchtige Berufsmilitär verstrickte sich zusehends in trübe Geschäfte. Doch erst nach seiner Pensionierung kamen seine Machenschaften wegen des Scheiterns seiner zweiten Ehe ans Licht und beschäftigen nun die Justizbehörden: Der Korruptionsfall weitet sich zum EMD-Skandal aus.

Das Bundesgericht entschied, Nyffenegger habe im Zusammenhang mit den Projekten der «Didacta»-Ausstellung, den «Diamant»-Feiern zum 50. Jahrestag der Mobilmachung im Zweiten Weltkrieg und der CD-ROM «EBG 95» von den Unternehmern Gustav Furrer (Zürich) und Hans Kronenberg (Luzern) «unübliche Zahlungen, sinngemäss Bestechungsgelder» in Höhe von 130 000 Franken entgegengenommen. Bundesanwältin Carla Del Ponte äusserte den konkreten Verdacht, bei der finanziellen Abwicklung der drei Projekte sei der Bund duch ungetreue Amtsführung, Urkundenfälschung und betrügerische Handlungen um «mehrere hunderttausend Franken» geschädigt worden. Bei der Herstellung der CD-ROM sollen Nyffenegger und Furrer zudem militärische Geheimnisse verletzt und in grober Weise gegen Sicherheitsvorschriften verstossen haben. Der widerstrebend vom Verkehrs- ins Militärdepartement «verschobene» und gleich mit der Affäre Nyffenegger konfrontierte Bundesrat Adolf Ogi betraute den Sonderbeauftragten für Staatsschutzakten, René Bacher, mit einer Administrativuntersuchung. Bacher stellt in seinem Bericht fest, fehlende Führung und fehlende Kontrolle durch die Vorgesetzten hätten die Affäre mitverursacht. Insbesondere bei der Realisierung des elektronischen Generalstabsbehelfs, der roten CD-ROM, habe es ein «unverständliches Defizit an Führung und Koordination» gegeben, wofür Generalstabschef Arthur Liener die Verantwortung trage.

BESTECHENDE GESCHENKE

Stark vermintes Neuland

Misstrauen ist gut, Kontrolle ist besser

BESTECHENDE GESCHENKE

Cotti ernennt Wahlkommission für Bosnien-Herzegowina

Schweizer Aussenminister traf Milosevic und Tudjman

Als amtierender OSZE-Vorsitzender hat der Schweizer Aussenminister Flavio Cotti in Sarajevo offiziell die Wahlkommission für Bosnien-Herzegowina ernannt. Zuvor war er mit dem serbischen Präsidenten Slobodan Milosevic und dessen kroatischen Amtskollegen Franjo Tudjman zusammengetroffen, die ihm ihre Unterstützung zusagten.

Im Friedensabkommen von Dayton war das Europäische Sicherheitsforum beauftragt worden, durch die Vorbereitung und Durchführung freier und demokratischer Wahlen einen Beitrag zum Wiederaufbau der auseinandergebrochenen Vielvölkerrepublik zu leisten. Cotti erklärte, er halte es trotz vieler Hindernisse für möglich, dass der Zeitplan eingehalten werden könne. Eine der Hauptschwierigkeiten sei die Wahlbeteiligung der rund zwei Millionen Männer und Frauen, die als Flüchtlinge ausserhalb Bosniens leben.

BESTECHENDE GESCHENKE

Die Schweiz ist grösser geworden

Die Schweiz ist innerhalb der bestehenden Grenzen gewachsen: Sie ist, wie die neue Landesvermessung per Satellitenempfänger und Computer ergeben hat, drei Meter länger und zwei Meter breiter. Der Flächenzuwachs beträgt rein rechnerisch rund einen halben Quadratkilometer.

Die letzte Vermessung des Landes, vorgenommen mit einer Holzlatte auf mühseligen Fussmärschen in Begleitung eines Maultieres, datiert aus dem Jahre 1903. Die Neuvermessung mit Hilfe des globalen Positionierungssystems hat nun der Schweiz mehr Land innerhalb der bestehenden Grenzen gebracht: Sie ist in ihrer West-Ost-Ausdehnung rund drei Meter und in der Nord-Süd-Richtung um rund zwei Meter gewachsen.

Der Sondermüll-Tourismus blüht

Neubau eines Einkaufszentrums als kostenlose Abfallhalde

Da Sondermüll nicht dort entsorgt werden muss, wo er entsteht, wird er durch die ganze Schweiz gekarrt - zum billigsten Abnehmer.

Sonderabfälle sind Stoffe mit besonders schadstoffreichen Komponenten, die aufgrund ihrer physikalischen und chemischen Eigenschaften für die Umwelt problematisch sind. Ihre Entsorgung ist mit hohen Kosten verbunden. Die Produzenten bemühen daher oft nicht die nächstgelegene kantonale Entsorgungsstelle, sondern sehen sich nach kostengünstigeren Varianten um. Besonders schlau glaubte ein Geschäftsmann aus dem Säuliamt zu sein, der mehrere hundert Liter Kunststoffabfälle in den Neubau eines Einkaufszentrums in Obfelden einbetonieren liess, wo die mit dem Sonderabfall gefüllten Fässer nun im Schacht einer Hebebühne lagern. Ihre Entfernung dürfte für den Mann kostspielig werden, die zu erwartende Busse für die Verletzung des Umwelt- und Gewässerschutzgesetzes nicht eingerechnet...

«Wenn einer ohne Schwierigkeiten übers Wasser laufen kann, dann er. Er weiss, wo die Müllfässer lagern.»

BESTECHENDE GESCHENKE

«Wie bescheiden doch Herr Pensionskassenverwalter lebt.»

Spiel mit gezinkten Karten

Narrenfreiheit der Pensionskassenverwalter an der Börse

Seit Ende der 80er Jahre haben wir in der Schweiz das Insidergesetz. Aber nicht alle Insider sind vor dem Gesetz gleich. Als das Verbot eingeführt wurde, dachte man vor allem an Verwaltungsräte, Geschäftsleitungen und Bänkler. Wer vertrauliches Wissen über eine Gesellschaft an der Börse für sich nutzt, macht sich strafbar. Anders dagegen, wenn jemand aufgrund vertraulicher Informationen über bevorstehende Börsentransaktionen auf einen Titel aufspringt. Von jenen institutionellen Anlegern, die sich dank ihrem besonderen Wissen auch privat an der Börse bereichern, spricht man bestenfalls hinter der vorgehaltenen Hand. Die Börsianer haben einen eigenen Ausdruck für diese besondere Art von Insiderwissen: Front-Running. Es kursieren denn auch hartnäckig Gerüchte über Pensionskassenverwalter, die als Trittbrettfahrer ihr Jahressalär vervielfacht haben sollen.

BESTECHENDE GESCHENKE

Zürcher Parkuhren ticken falsch

Einarmiger Bandit – polizeilich bewilligt

Stadtrat im Gebührenstreit vor Bundesgericht abgeblitzt

Im Parkgebührenstreit hat der Zürcher Stadtrat eine Schlappe erlitten: Das Bundesgericht hat sein Gesuch, die bereits auf höhere Gebühren umgestellten Parkuhren weiterhin in Betrieb zu lassen, abgewiesen.

Das höchste Gericht befand, der neue Gebührentarif sei nie rechtsgültig in Kraft gesetzt worden. Rechtskräftig sei hingegen der Entscheid des Regierungsrates, der den Stadtratsbeschluss aufgehoben habe. Die Stadt Zürich habe entweder die Parkuhren wieder auf die alte Regelung umzustellen oder in geeigneter Weise dafür zu sorgen, dass die Automobilisten vom gültigen Tarif Kenntnis erhalten. Polizeivorstand Robert Neukomm weiss nun, dass auch er rechtsgültige Weisungen nicht mit dem Argument besonderer Kosten bei der Umstellung der Parkuhren umgehen kann...

«Glaube mir, es ist ein Riesenunterschied, ob du k e i n Stimmrecht hast und nicht stimmen gehst oder ob du ein Stimmrecht h a s t und nicht stimmen gehst.»

25 Jahre Frauenstimmrecht

Vor 25 Jahren stimmten die Schweizer Männer der Einführung des nationalen Frauenstimmrechts, das sie zwölf Jahre zuvor noch wuchtig abgelehnt hatten, mit grosser Mehrheit zu.

Am 7. Februar 1971 sagten 65,7 Prozent der Schweizer Männer, die zur Urne gingen, ja zur Einführung des Frauenstimmrechts. Heute sitzen im Nationalrat 42 Frauen und acht im Ständerat, mehr als je zuvor. Und auch im Bundesrat sind die Frauen mit einer Geschlechtsgenossin vertreten. Die Schweiz steht damit beispielsweise im Vergleich mit EU-Staaten recht gut da. Noch heute aber gehen rund zehn Prozent weniger Frauen als Männer an die Urne.

BESTECHENDE GESCHENKE

Mehr 40-Tönner im Mittelland?

Der Bundesrat sucht den Durchbruch bei den Verkehrsverhandlungen mit der EU: Der Direktor des Bundesamtes für Verkehr, Max Friedli, hat den Verkehrsexperten der EU-Kommission in Brüssel konkrete Vorschläge unterbreitet.

Die 28-Tonnen-Limite soll kurzfristig mit Ausnahmeregelungen im Mittelland und im Tessin aufgeweicht werden: Die bereits heute für 40-Tönner offene Grenzzone soll von 10 auf 20 Kilometer ausgedehnt werden, mehrere grosse Camionterminals dürften aus einem Umkreis von 30 Kilometern mit 40-Tönnern angefahren werden. Im Rahmen des 1992 mit der EU abgeschlossenen Transitvertrages will der Bundesrat grosszügiger Ausnahmebewilligungen für 40-Tonnen-Lastzüge durch den Gotthard erteilen. In einer zweiten Phase erklärt sich der Bundesrat grundsätzlich bereit, im Gegenzug zur Einführung gleichwertig wirksamer Lenkungsmassnahmen zugunsten der Bahn längerfristig die EU-Limite von 40 Tonnen zu akzeptieren.

Die Uno steht vor dem Bankrott

Vertraulicher Plan sieht massiven Stellenabbau vor

In einem flammenden Appell hat Uno-Generalsekretär Boutros-Ghali die Mitgliedstaaten der Weltorganisation aufgefordert, ihren auf vier Milliarden Franken angewachsenen Schuldenberg abzutragen. Die bedenkliche Zahlungsmoral ihrer Mitglieder treibt die Uno in die Zahlungsunfähigkeit.

Hauptverantwortlich für die Finanzkrise sind die USA, die der Uno noch vom letzten Jahr 1,4 Milliarden Franken schulden. Anträge des Generalsekretärs, den Engpass durch Bankkredite zu überbrücken und säumige Zahler mit Strafzinsen zu belasten, scheiterten am Einspruch Washingtons. Seit ein vertraulicher Bericht, der einen massiven Abbau von Arbeitsplätzen vorsieht, vorzeitig bekanntgeworden ist, macht sich im New Yorker Hauptquartier und am europäischen Sitz der Uno in Genf Angst vor Arbeitslosigkeit breit: 690 Mitarbeiter und Mitarbeiterinnen sollen entlassen, weitere 460 Angestellte ersatzlos in Pension geschickt werden.

«Hat nie seine Rechnung bezahlt und wollte auch noch bestimmen, wie das Restaurant geführt werden muss.»

BESTECHENDE GESCHENKE

«Die Herren Milosevic und Karadzic sehen aber anders aus.»

Sarajevo liefert serbische Offiziere an Haager Tribunal aus

Die bosnischen Behörden haben zwei hochrangige serbische Offiziere, die als mutmassliche Kriegsverbrecher gefasst worden waren, an die internationale Friedenstruppe (Ifor) übergeben. Aufgrund eines Auslieferungsgesuchs des Uno-Tribunals für Kriegsverbrechen in Ex-Jugoslawien, das seinen Sitz in Den Haag hat, sind die beiden Militärs unverzüglich an Bord eines Ifor-Flugzeugs nach Holland transportiert worden.

Bei den beiden Offizieren handelt es sich um General Djordje Djukic und seinen Stellvertreter Oberst Aleska Krsmanovic. Sie wurden vor dem Zentralgefängnis von Sarajevo an französische Ifor-Truppen übergeben und unter schwerer Eskorte in zwei gepanzerten Fahrzeugen auf den Flughafen gebracht. Wegen ihrer Festnahme brachen die bosnisch-serbischen Militärs den Kontakt zur Ifor ab.

«Schön blau» im Kampf gegen die Flaschen

Bei 15 Prozent aller Arbeits- und Freizeitunfälle ist Alkohol im Spiel, was die Unternehmen teuer zu stehen kommt. Damit die Schnapsflaschen aus den Büros und Fabrikhallen verschwinden, hat die Schweizerische Unfallversicherungsanstalt (Suva) zusammen mit der Schweizerischen Fachstelle für Alkohol- und andere Drogenprobleme (SFA) den Videofilm «Schön blau» gedreht. Er soll Angestellte und Arbeiter über die mit übermässigem Alkoholgenuss verbundenen Gefahren aufklären und den Vorgesetzten zeigen, wie sie bei Verdacht auf Missbrauch das Gespräch zum Mitarbeiter suchen können. In einigen Grossfirmen haben sich ähnliche Hilfsprogramme bereits bewährt.

«Ich bin froh, meine Herren, dass wir nun zu dritt sind, dann fährt uns der neue Mann hoffentlich ins Hotel.»

BESTECHENDE GESCHENKE

«Die Expo 2001 ist machbar»

Delamuraz nimmt Studie für «wunderbares Projekt» entgegen

«Die Landesausstellung 2001 ist machbar. Jetzt muss sie nur noch realisiert werden.» Zu diesem Schluss kommt die Machbarkeitsstudie für die Expo 2001 auf den drei Jurasüdfuss-Seen, die von den Machern mit Begeisterung in Bern präsentiert und von Bundespräsident Jean-Pascal Delamuraz nach eigener Aussage «mit Rührung» als «wunderbares Projekt» entgegengenommen wurde.

Die von den Kantonen Bern, Freiburg, Waadt, Neuenburg und Jura sowie vier Städten geplante Landesausstellung soll auf dem Bieler-, Neuenburger- und Murtensee stattfinden. Vorgesehen sind fünf grosse schwimmende Ausstellungsflächen, sogenannte Arteplages, von denen vier am Ufer von Biel, Neuenburg, Yverdon und Murten verankert werden sollen. Die fünfte Arteplage, jene des Kantons Jura, ist kleiner geplant und soll mitten auf dem Neuenburgersee schwimmen. Die Veranstalter der weitverzweigten Expo rechnen mit sechs Millionen Besuchern.

«Wir müssen den Bauplan noch einmal ganz genau ansehen, bevor wir sechs Millionen Gäste einladen.»

BESTECHENDE GESCHENKE

Kein Preisüberwacher mehr – oder einer wie Otto Stich?

Als Kandidaten für den durch den Rücktritt von Joseph Deiss freiwerdenden Posten des Preisüberwachers fehlt es nicht, im Gegenteil: In der Person von Otto Stich zeigt sich gar ein Alt-Bundesrat nicht abgeneigt, «Monsieur Prix» zu werden. Anderseits mehren sich in der Wirtschaft und bei den bürgerlichen Parteien die Stimmen, die angesichts des neuen Kartellgesetzes den Preisüberwacher abschaffen wollen.

«Alle andern Länder kommen gut ohne Preisüberwacher aus. Also braucht es auch in der Schweiz keinen», meint etwa Peter Hutzli, Sekretär des Dachverbandes der Schweizer Wirtschaft. Er könnte sich vorstellen, die verbleibenden Aufgaben und das zwölfköpfige Team des Preisüberwachers ins Sekretariat der Wettbewerbskommission zu integrieren, die ohnehin stark aufgestockt wird. Für Margrit Krüger, Präsidentin des Konsumentinnenforums, würde Otto Stich - «einer mit dem Herz auf dem rechten Fleck» - das Amt am besten ausfüllen. Auch die SVP-Generalsekretärin Myrtha Welti könnte sich am besten jemanden «in der Art von Otto Stich» vorstellen, allerdings kaum den ehemaligen Finanzminister selbst.

«Drei- bis vierhunderttausend, wenn man alles nimmt. Das sollten wir wohl doch noch mit dem Preisüberwacher besprechen.»

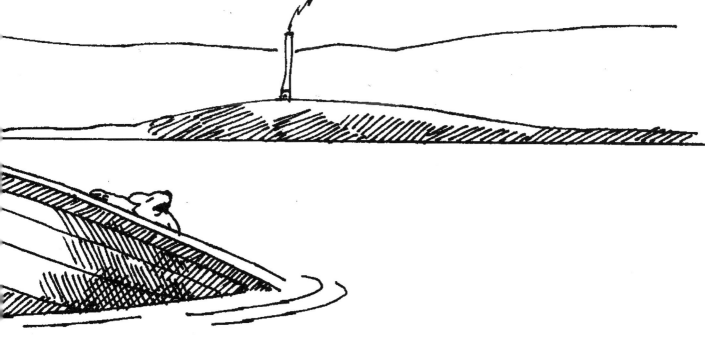

BESTECHENDE GESCHENKE

«Wenn du 6 Milliarden einwerfen kannst, sieht's schon etwas besser aus.»

Das halbierte Bundesdefizit

Die gute Nachricht: Die Finanzrechnung der Eidgenossenschaft weist für 1995 statt wie budgetiert 6,1 nur 3,3 Milliarden Franken Defizit aus. Die weniger gute Nachricht: Die geschönte Verbuchung von SBB-Investitionen und Ueberschüssen der Beamten-Pensionskasse verdeckt ein echtes Defizit von mehr als 5 Milliarden.

Zu dem um 2,8 Milliarden geringer ausgefallenen Defizit des Bundes haben vor allem namhafte Minderausgaben bei den Sozialversicherungen (Arbeitslosenversicherung und AHV/IV) sowie Mehreinnahmen bei der Mehrwertsteuer beigetragen. Trotzdem wollte Finanzminister Kaspar Villiger keine Entwarnung geben, denn eine Trendwende sei noch nicht in Sicht.

BESTECHENDE GESCHENKE

Sanierungskonzept mit Villiger-Guillotine

Der Bundesrat will finanzpolitische Wende erzwingen

Mit einem neuen Sanierungskonzept will der Bundesrat das Budget bis zum Jahre 2001 ins Gleichgewicht bringen. Sollte dieses Ziel trotz der Neuverteilung der Aufgaben zwischen Bund und Kantonen und trotz Ausdünnung der Subventionen nicht erreicht werden, will die Landesregierung die Ausgaben radikal beschneiden.

Wenn Einnahmen und Ausgaben des Bundes im Jahre 2001 nicht im Lot sind, lässt der Sanierungsplan von Finanzminister Kaspar Villiger ein Fallbeil niedersausen, welches Transferzahlungen und Bundesausgaben gnadenlos kappt. In den nächsten Jahren werden die effektiven Fehlbeträge allerdings weiterhin zwischen 5 und 7 Milliarden liegen, grössere Korrekturen sind erst gegen 2001 zu erwarten. Mit der Androhung drastischer Massnahmen will Villiger bei den Sanierungs-Rhetorikern zur Rechten und zur Linken den Tatbeweis erzwingen.

«Herr Finanzminister, wenn wir die Militärausgaben für fünf Jahre einfrieren, schreiben wir wieder schwarze Zahlen.»

Jelzin wagt einen zweiten Anlauf

Angeschlagener Präsident kandidiert erneut

Ungeachtet seines Popularitätstiefs und seiner gesundheitlichen Probleme hat der russische Präsident Boris Jelzin seine Kandidatur für eine zweite Amtszeit angemeldet. Fast zeitgleich nominierte die Kommunistische Partei ihren Vorsitzenden Gennadi Sjuganow zum Kandidaten für das höchste Staatsamt.

Der 65jährige Jelzin präsentiert sich als Garant von Reformen und Stabilität, obwohl er praktisch alle Reformpolitiker aus seinem Team entlassen hat. Der 52jährige Sjuganow, ein früherer Lehrer und eher farbloser Parteifunktionär, sagt für den Fall einer Wiederwahl Jelzins einen Totalverfall Russlands voraus. In Meinungsumfragen liegt der angeschlagene Kreml-Chef weit hinter seinem Herausforderer zurück. Seine stark gesunkene Popularität ist vor allem auf seine wenig erfolgreiche Rolle im Tschetschenien-Konflikt und auf die Härten seiner Reformpolitik zurückzuführen.

«Ich finde ihn als Feuerwehrhauptmann einfach daneben.»

BESTECHENDE GESCHENKE

«Aexgüsi - kann ich auch ganz einfach telefonieren?»

Drei gegen die Telecom PTT

SBB, SBG und Migros wollen Fernmeldemonopol knacken

Die Liberalisierung im Fernmeldebereich wirft ihre Schatten voraus: Die SBB, die Schweizerische Bankgesellschaft und die Migros wollen mit eigenen Dienstleistungen die Telecom PTT konkurrieren. Zu diesem Zweck hat das Triumvirat ein neues Unternehmen, die Newtelco, gegründet.

Die Newtelco hat vom Bundesamt für Kommunikation eine Lizenzkonzession erhalten. Diese erlaubt ihr, Grosskunden aus Handel, Finanz und Industrie ihre Dienste anzubieten. Die Basis bildet «eines der modernsten Hochgeschwindigkeitsnetze Europas», das durch die Verknüpfung der Netze von SBB, SBG und Migros entsteht. Zudem stellt die Newtelco ihr Transportnetz Internet-Providern zur Verfügung. Schrittweise soll das Angebot zu einem integrierten Service an Daten-, Sprach- und Multimediadiensten für Geschäfts- und Privatkunden ausgebaut werden.

Mit dem Strafpunkte-System auf Stimmenfang

Aufregung um höhere Zuschläge für Altersheimbewohner

Unter den Insassen der städtischen Altersheime Zürichs sorgt ein neugestaltetes Punktesystem für die Berechnung der Zuschläge für vermehrte Betreuung und Pflege für Aufregung. Neuerdings wird man nicht mehr erst mit 10, sondern bereits mit 7 Punkten in die Gruppe 1 eingestuft, die «regelmässige Hilfeleistungen leichten Grades» beansprucht, was 400 Franken zusätzlich zum Pensionspreis kostet. Bei allen Insassen wurde der Bedarf an zusätzlicher Hilfe festgestellt und anhand einer Skala mit Punkten bewertet, wobei die Summe der Punkte die Gruppeneinteilung bestimmt: 0 (ohne Zuschlag), 1 (400 Franken), 2 (800 Franken) und 3 (1600 Franken). Wer beispielsweise Brille oder Schlüssel häufig verlegt, die Zimmerblumen nicht selber giesst und die Badewanne nach Benützung nicht putzt, wird mit 400 Franken zur Kasse gebeten. Während Heimleiter mit der strengeren Bewertung die Eigeninitiative steigern möchten und der Direktor des Amtes für Altersheime von einem «erhöhten Selbsthilfe-Potential» spricht, geht die städtische SVP mit der von ihr als «Strafpunkte»-System abqualifizierten neuen Ordnung an Protestversammlungen bei den Pensionären schamlos auf Stimmenfang.

«Seltsam, Schwester Edith, seit ich Ihre Rechnung gelesen habe, musste ich nie mehr meine Brille suchen lassen.»

BESTECHENDE GESCHENKE

Güsel aus Waldshut stinkt auch nicht anders

Kritik an Zürichs Abfallimporten ist unverhältnismässig

Das Abfuhrwesen der Stadt Zürich importiert seit langem Kehricht in grösseren Mengen aus über 50 Gemeinden, die vertraglich an Zürich gebunden sind. Als der zuständige Stadtrat Wolfgang Nigg bekanntgab, dass der süddeutsche Landkreis Waldshut künftig jährlich mindestens 15 000 Tonnen Hausabfall nach Zürich liefern wird, flammte Kritik am bösen «Güseltourismus» auf.

Dabei bringt der langfristige Vertrag beiden Partnern neben finanziellen auch ökologische Vorteile: Waldshut kann nun auf den Bau einer neuen grenznahen Verbrennungsanlage verzichten, und im Gegenzug kann Zürich in Deutschland Kehrichtschlacke und Filterstaub deponieren. Bernhard Wütz, Landrat von Waldshut, nannte den Vertrag einen «wichtigen Meilenstein», würden doch erstmals gemeinsame und langfristige Wege in der Abfallwirtschaft aufgezeigt.

Nigg seinerseits bezeichnete die Uebereinkunft als «ersten erfolgreichen Schritt in Richtung wirtschaftliche Auslastung der beiden Stadtzürcher Kehrichtverbrennungsanlagen Hagenholz und Josefstrasse».

BESTECHENDE GESCHENKE

Ein absurder Alleingang

Bergkantone blockieren die Alpenkonvention

Weil einige Bergkantone die Ratifizierung der 1995 ohne die Mitgliedschaft der Schweiz in Kraft getretenen Alpenkonvention weiter blockieren, nimmt die Schweiz als Alpenland par excellence an der Alpenkonferenz im slowenischen Brdo nur als Beobachterin teil. Der Bundesrat erklärt, der Alleingang schade der Schweiz, er wolle aber den Beitritt nicht erzwingen.

Mit der Alpenkonvention wird nach Einschätzung der Landesregierung ein wichtiger Beitrag zur nachhaltigen Entwicklung des gesamten europäischen Alpenraums geleistet. Die wirtschaftlich und ökologisch delikaten Bergregionen erhalten durch die Konvention einen besonderen Schutz und eine besondere Förderung. An der Ausarbeitung des Vertrages haben Schweizer Diplomaten in führender Position mitgewirkt. Umso grösser ist das Unverständnis der Partnerstaaten über das Ausscheren der Schweiz und die Haltung der um den Bündner SVP-Regierungsrat Christoffel Brändli gruppierten Fundamentalopposition.

Freispruch für Fischbacher

St. Galler Arzt soll Antirassismusartikel nicht verletzt haben

Der St. Galler Untersuchungsrichter Jules Wetter hat das Verfahren gegen den St. Galler Arzt Walter Fischbacher eingestellt, was einem Freispruch gleichkommt. Dem Arzt, der sich als einer der vehementesten Gegner des Anfang 1995 nach einer Volksabstimmung in Kraft getretenen Antirassismusartikels hervorgetan hatte, war vorgeworfen worden, rassistische Aeusserungen verbreitet zu haben. In einem Rundschreiben hatte er «die Nationalsozialisten (NAZI) mit den Weltzionisten (WEZI)» verglichen: «Beide – die NAZI und die WEZI – leb(t)en in einem Machtrausch; beiden ist eine beispiellose Selbstüberheblichkeit und ein Führungsanspruch eigen, beide betreiben Rassismus in Reinkultur und neigen zur Willkür». Wetter begründete seinen Entscheid mit der Erklärung, Fischbacher habe nicht gegen das Verbot der Rassendiskriminierung verstossen: «Ich habe Fischbacher angehört. Er hatte für alle seine Aeusserungen eine gute Erklärung und konnte diese auch belegen.»

BESTECHENDE GESCHENKE

«Igitt, wie unanständig - schalte sofort um.»

«Feminisierung der Armut»

Bundesrat öffnet Fonds zur Förderung der sozialen Integration

Als Auftakt zu den Schweizer Aktivitäten im Internationalen Jahr zur Eindämmung der Armut hat Bundesrätin Ruth Dreifuss einen 300 000-Franken-Fonds vorgestellt, den das Departement des Innern aus Einnahmen von Spielbanken geäuffnet hat. Mit diesem Geld sollen konkrete Projekte privater Organisationen zur Bekämpfung der Armut und zur Förderung der sozialen Integration unterstützt werden.

In der Schweiz leben über eine halbe Million Männer, Frauen und Kinder in schwierigen finanziellen Verhältnissen. Von Armut besonders betroffen sind Alleinerziehende, Behinderte, Langzeitarbeitslose, ältere Menschen und Drogenabhängige. Da Frauen vor allem unter den Alleinerziehenden und den älteren Menschen übervertreten sind, kommt es zu einer «Feminisierung der Armut», wie Dreifuss erklärte.

«Jesses, Vreni - da oben hat offenbar ein Wechsel stattgefunden, und wir zwei haben's nicht bemerkt.»

Tombas doppelte Gold-Show in der Sierra Nevada

Die spanische Sierra Nevada ist zu einem der wichtigsten Meilensteine in der erfolgreichen Karriere des italienischen Superstars Alberto Tomba geworden: Innert 48 Stunden wurde der 29jährige Unternehmerssohn aus der Gegend von Bologna zweifacher Ski-Weltmeister. Die erste Goldmedaille schnappte er im Riesenslalom den beiden schweizerischen Kronfavoriten Urs Kälin und Michael von Grünigen weg. Das zweite Gold holte er sich überraschend im Slalom vor dem Oesterreicher Mario Reiter, nachdem er im ersten Lauf nur auf dem sechsten Platz gelandet war. Von Grünigen gewann seine zweite Bronzemedaille, ein Double, das in den technischen Disziplinen noch keinem Schweizer gelungen war. Tomba wurde von der römischen Zeitung «Il Tempo» zum «Mythos» und zur «Skisport-Legende» gemacht und vom Fanclub seines Heimatdorfes Castel de Britti mit dem Transparent «Alberto, schau nach oben, nur der Himmel ist grösser als du» überschwenglich gefeiert.

BESTECHENDE GESCHENKE

«Wollt ihr wirklich wissen, wie die Erde von hier oben aussieht?»

Der entlaufene Satellit

Pech für den Schweizer Astronauten Claude Nicollier und die ganze Crew der Columbia-Raumfähre: Zum zweitenmal ist im Weltraum das faszinierende Experiment mit einem Kugelsatelliten gescheitert. Beim Aussetzen des rund 500 Kilogramm schweren italienischen Satelliten riss das 2,54 Millimeter dicke Verbindungskabel, als die Kugel fast auf die geplante Distanz von 20 Kilometern abgespult war. Mit dem Experiment, das 600 Millionen Franken kostete, sollte bewiesen werden, dass mit solchen Konstruktionen im All Strom erzeugt werden kann.

BESTECHENDE GESCHENKE

Swissair-Manager im Sabena-Cockpit

Reutlinger soll die belgische Airline sanieren

Die Swissair baut ihre Präsenz bei der belgischen Tochter Sabena massiv aus: Swissair-Marketingchef Paul Reutlinger ist zum neuen Präsidenten der Sabena-Geschäftsleitung ernannt worden, und der designierte Swissair-Konzernchef Philippe Bruggisser wird Verwaltungsrat.

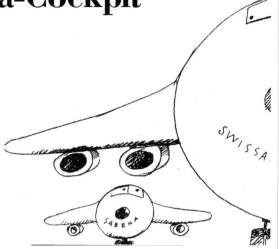

Der 53jährige Reutlinger ersetzt an der Spitze der belgischen Airline den am Widerstand der Gewerkschaften gescheiterten Pierre Godfroid, der mit seinem unerbittlichen Sanierungsprogramm eine Bruchlandung vollzogen hatte. Reutlinger ist sich bewusst, dass sein Weg nach Brüssel kein Sonntagsspaziergang ist. Auch auf ihn, der bei der Swissair zusehends ins Abseits geriet, wartet bei Sabena ein harter Sanierungsjob.

Parteienschacher um SRG-Spitze

Armin Walpen wird neuer Generaldirektor

Der Generalsekretär des Eidgenössischen Justiz- und Polizeidepartementes, Armin Walpen, ist als Nachfolger des vorzeitig in den Ruhestand tretenden Tessiners Antonio Riva zum neuen Generaldirektor des grössten Schweizer Medienunternehmens gewählt und anschliessend vom Bundesrat bestätigt worden. Der Berufung des 48jährigen Walliser Juristen ging ein langes und stark kritisiertes Auswahlverfahren voraus.

Der Präsident des 21köpfigen SRG-Zentralrates, Eric Lehmann, erklärte zwar, das Auswahlverfahren, in das 70 Kandidaten einbezogen waren, habe «so objektiv als möglich» und «ohne äusseren Druck» absolviert werden können, doch hatten Medienberichte wiederholt auf politische Einmischungen in das Wahlprozedere hingewiesen. Nachdem der als Favorit ins Rennen gestiegene Direktor des Bundesamtes für Verkehr, Max Friedli (SVP), seinen Hut in den Ring geworfen hatte, standen sich schliesslich noch der CVP-nahe Walpen und der Kandidat der FDP, SRG-Forschungsleiter Matthias Steinmann, gegenüber. Dass Walpen, der ein Unternehmen mit vier Fernseh- und zwölf Radioprogrammen leiten wird, Unterstützung bei SP-Vertretern im Wahlgremium fand, gab den Ausschlag.

«Ich habe für ihn gestimmt, weil er ein schwarzes Hemd trägt und wir vorher abgemacht haben, dass der mit dem schwarzen Hemd gewinnt.»

BESTECHENDE GESCHENKE

Ciba plus Sandoz gleich Novartis

Elefantenhochzeit in der Basler Chemie- und Pharma-Industrie

Ciba und Sandoz haben einen beispiellosen Coup gelandet: Die beiden Basler Chemie- und Pharmakonzerne spannen unter dem Namen Novartis zusammen. Weltweit wird Novartis im Pharmageschäft die neue Nummer 2 hinter dem britischen Glaxo Wellcome-Konzern, im Agrobusiness sogar die Nummer 1. Kehrseite der Medaille: Die Mega-Fusion kostet zehntausend Arbeitsplätze, ein Drittel davon im Raum Basel.

Novartis - der Namen erinnert eher an einen esoterischen Kunstverlag als an einen Wirtschaftsgiganten – wird sich auf die Kerngeschäfte Gesundheit, Ernährung und Agrochemie konzentrieren. Anders als die durch den massiven Stellenabbau verunsicherte Arbeitnehmerschaft erblickt der 63jährige Novartis-Verwaltungsratspräsident Alex Krauer im Verschmelzen von Ciba und Sandoz eine «faszinierende Vision». Aehnlich sehen es gewiss auch die Aktionäre der beiden Konzerne, die durch den Coup steuerfreie Kapitalgewinne in Höhe von 18 Milliarden Franken verbuchen konnten. Für die britische «Financial Times» war die Elefantenhochzeit am Rhein denn auch «eine überwältigende Demonstration, wie Shareholder Value geschaffen wird».

«Mit der zeitlich unbegrenzten Abgabe von Psychopharmaka an 10 000 entlassene Mitarbeiterinnen und Mitarbeiter unterstreichen wir, dass wir unsere soziale Verantwortung ernst nehmen.»

BESTECHENDE GESCHENKE

Dem Bundesrat die Flügel gestutzt

Nationalrat entschärft das neue Kriegsmaterialgesetz

Die Kontrollen über die Ausfuhr von Kriegsmaterial sollen im wesentlichen nur bei Vermittlungsgeschäften ausgeweitet werden. Dies hat der Nationalrat in zweitägigen Beratungen beschlossen und sich damit zentralen Vorschlägen des Bundesrates für ein schärferes Waffenausfuhrgesetz widersetzt.

Die Pilatus-Werke in Stans sollen die militärische Version ihrer Trainingsflugzeuge PC-7 und PC-9 in alle Länder mit Ausnahme des Irans, des Iraks, Libyens und Nordkoreas verkaufen dürfen. Die schweizerische Rüstungsindustrie hatte sich mit ihren Argumenten – drohender Verlust von Tausenden von Arbeitsplätzen durch Produktionsverlagerung ins Ausland und Beeinträchtigung der Wettbewerbsfähigkeit eines Teils der einheimischen Exportindustrie – so lang und so heftig auf das neue Kriegsmaterialgesetz eingeschossen, dass der Nationalrat kapitulierte: Vom ursprünglichen Entwurf der Landesregierung blieb nur noch eine verwässerte Version übrig. In der Parlamentsdebatte war aber viel von Ethik die Rede...

«Deinen Arbeitsplatz müssen wir leider opfern.»

Das Volk will nicht bei den Uniformen sparen

In der eidgenössischen Volksabstimmung wurde die vom Bundesrat vorgeschlagene zentralisierte Beschaffung der persönlichen Militärausrüstung mit 56 Prozent Nein-Stimmen abgelehnt. Sie hätte den Bund um rund 15 Millionen Franken entlastet.

Der Souverän wollte nichts davon wissen, die Uniformen und andere persönliche Ausrüstungsgegenstände für die Armee künftig zentral durch den Bund und nicht mehr über die Kantone zu beschaffen. Die Vorlage schnitt in den Bergkantonen Wallis, Uri und Schwyz, wo sich ein Grossteil der rund 2000 Arbeitsplätze in den Uniformschneidereien befindet, am schlechtesten ab. Der Sparaktion zugestimmt haben einzig die Kantone Zürich, Genf und beide Basel.

BESTECHENDE GESCHENKE

«Bei diesem Dienstleistungsangebot wird er in der Schweizer Wirtschaft keine schlechte Zukunft haben.»

Kopps Anwaltspatent ist definitiv weg

Durch den Bundesgerichtsentscheid ist der Entzug rechtskräftig

Rechtsanwalt Hans W. Kopp, der 65jährige Gatte der Ex-Bundesrätin Elisabeth Kopp, darf seinen Beruf im Kanton Zürich definitiv nicht mehr ausüben. Das Bundesgericht hat Kopps Beschwerde gegen den vom Zürcher Obergericht angeordneten Patententzug einstimmig abgewiesen.

Die fünf Bundesrichter schreiben in ihrem Urteil, durch seine schwerwiegenden Straftaten vor dem Zusammenbruch der Gesellschaft Trans K-B habe Kopp seine berufliche Ehrenhaftigkeit und Vertrauenswürdigkeit verloren. Er war 1991 wegen Urkundenfälschung und Betrugs zu einer bedingten Gefängnisstrafe von einem Jahr verurteilt worden. In einer persönlichen Erklärung teilt Kopp mit, an der Tätigkeit und internen Organisation der Firma «Kopp & Partner» ändere sich nichts. In seinem Urteil hat ihm das Bundesgericht das Fehlen von Reue und Einsicht attestiert.

BESTECHENDE GESCHENKE

Noch schwache Lebenszeichen

Die Asyl-Initiative der SD ist ungültig

Auch das SVP-Volksbegehren als «unnötig» abgelehnt

Die Asyl-Initiative der Schweizer Demokraten (SD) kommt definitiv nicht zur Abstimmung. Nach dem Ständerat hat auch der Nationalrat die von 120 000 Personen unterschriebene Initiative «Für eine vernünftige Asylpolitik» für ungültig erklärt, weil sie gegen zwingendes Völkerrecht verstösst. Das mit 110 000 Unterschriften von der SVP eingereichte Volksbegehren «Gegen die illegale Einwanderung» verwarf der Nationalrat als «widersprüchlich» und «unnötig».

Es ist das vierte Mal, dass eine Initiative zurückgewiesen wurde, erstmals aber aus völkerrechtlichen Gründen. Justizminister Arnold Koller konnte den Rat überzeugen, dass das SD-Volksbegehren gegen zwingendes, nicht aufkündbares Völkerrecht verstösst, während die Ziele der rechtlich unbestrittenen SVP-Initiative durch den Asylbeschluss und die Zwangsmassnahmen bereits erreicht seien.

Ursprünglich nicht bestimmt für die Konfetti-Produktion

Detektive auf Verräter angesetzt

Kostspielige Konstruktionsmängel bei ABB-Turbinen

Der schwedisch-schweizerische Elektrokonzern ABB hat Probleme mit seinen Gasturbinen der neuesten Generation, die nach einer forcierten Entwicklung ohne intensive Tests auf den Markt gebracht wurden. Für die Behebung der Konstruktionsmängel und die Risikorückstellungen müsse der Konzern jährlich 100 Millionen Franken aufbringen, fanden TA-Rechercheure heraus. Der Elektrokonzern heuerte unverzüglich einen Detektivdienst an, um den oder die Verräter unter den ABB-Managern zu entlarven, sprach von «streng vertraulichen Geschäftsgeheimnissen», die verraten worden seien, und bestritt im übrigen die Fakten.

BESTECHENDE GESCHENKE

Rezession oder bloss Stagnation?

Massnahmen zur Konjunkturankurbelung gefordert

Die Konjunktur in der Schweiz hat deutlich an Schwung verloren und bewegt sich am Rande einer Rezession. Das reale Bruttoinlandprodukt (BIP) wuchs 1995 nur noch um 0,7 Prozent. Während die Oekonomen die Konjunkturdaten unterschiedlich interpretieren, fordern Wirtschaftsverbände und Gewerkschaften immer lautstarker eine aktivere Konjunkturpolitik des Bundes.

«Nationalbankpräsident Lusser findet, die Konsumenten müssten nun auch dazu beitragen, dass in unserem Land wieder Optimismus aufkommt.»

Die Wirtschaftsabschwächung in den wichtigen Partnerländern der Schweiz sowie der isolierte Höhenflug des Schweizer Frankens werden hauptverantwortlich für die schwache Entwicklung gemacht. Hinzu kommt die markant gestiegene Arbeitslosigkeit und die damit verbundene Unsicherheit über die Arbeitsplätze, die auf den Binnenmarkt drücken. Bedeutend weniger düster als einige Experten schätzt Nationalbankpräsident Markus Lusser die Lage ein: Die Schweizer Wirtschaft werde nicht in eine Rezession abgleiten, sondern bald wieder an Fahrt gewinnen. Die tiefe Inflation und die niedrigen Zinsen müssten die Konjunktur stimulieren.

Porno-Heidi spaltet die Schweiz

Sex-Dokumentation bringt SF DRS Rekordzuschauermenge

Die rekordverdächtige Zahl von über einer Million Zuschauern versammelte sich spät abends um 22.30 Uhr vor den Bildschirmen. Sie alle wollten sich den vom Schweizer Fernsehen ausgestrahlten Dokumentarfilm «Heidi im Pornoland» nicht entgehen lassen, waren doch die Erwartungen mit einer dreiwöchigen Artikelserie über die 21jährige Porno-Darstellerin Laetitia aus dem Engadin im «Blick» und im «SonntagsBlick» nach allen Regeln des Boulevard-Journalismus angeheizt worden. Der Dokumentarfilm, der hinter die Kulissen des Pornogeschäfts blicken lassen wollte, löste überwiegend positive Reaktionen aus. Immerhin protestierten rund 30 Prozent gegen die Ausstrahlung, was nicht verhindern konnte, dass Laetitia in allen möglichen TV-Sendegefässen auftauchte, als Talk-Gast von Roger Schawinski im TeleZüri bis zu «Quer», dem Leben live mit Röbi Koller. Und auch der «Ziischtigs-Club» widmete sich, allerdings ohne Hauptdarstellerin, dem Thema Pornographie.

BESTECHENDE GESCHENKE

Nun doch nach Frankfurt

Die Schweiz wird sich 1998 nun doch als Gastland an der Frankfurter Buchmesse beteiligen. Die anfänglich zögerliche Haltung von David Streiff, Direktor des Bundesamtes für Kultur (BAK), hatte unter den Kulturschaffenden einen grossen Wirbel ausgelöst. Der Schweizer Auftritt in Frankfurt, forderten sie, sei unabdingbar für das schweizerische Kulturleben und dessen Präsenz im Ausland. Der Zürcher Christoph Vitali, seit 1984 Direktor im Münchner «Haus der Kunst», wird den Schweizer Auftritt als Projektleiter koordinieren und dabei über ein Budget von fünf Millionen Franken verfügen können. Nach der Vorstellung des international anerkannten Ausstellungsmachers soll die Präsenz der Schweiz an der Messe «möglichst glanzvoll», aber nicht unkritisch sein.

Die Armee soll noch kleiner werden

Ogi kündigt bereits die nächste Armeereform an

EMD-Chef Adolf Ogi stellt nach Armee 95 eine weitere Armeereform in Aussicht: Vor rund 300 Milizoffizieren erklärte er in Bern, eine weitere Bestandesreduktion und eine Professionalisierung vorab der Kader seien «unausweichlich».

Ogi kündigte die Bildung einer Strategiekommission nach dem Vorbild der legendären «Kommission Schmid» an, um die Grundlagen der Armee 2005 zu erarbeiten. Armee 95 könne schon deshalb nicht die letzte Armeereform gewesen sein, weil ihr Bestand von 400 000 Mann im Jahre 2005 durch die demographische Entwicklung in Frage gestellt sei. In seiner Rede nannte der Bundesrat keine Zahl, aber am Rande der Veranstaltung sprach er von einer möglichen Reduktion um 100 000 Mann.

«Schlanker bringen wir ihn nicht hin.»

BESTECHENDE GESCHENKE

«Gut, der Wetterbericht war ein paar Jahre unterwegs. Es steht auch nur drin, dass es taut.»

Post und Telecom: Trennung

Bundesrat will bis 1998 einen liberalisierten Markt

Der Bundesrat macht ernst mit der Auftrennung der PTT und der Liberalisierung des Post- und Fernmeldemarktes. Post und Telecom werden bis 1998 in zwei getrennte Unternehmen aufgeteilt.

Aus der Post wird eine selbständige Anstalt, aus der Telecom eine spezialgesetzliche Aktiengesellschaft, in welcher der Bund die Aktienmehrheit hält. Das Bundesamt für Justiz kommt in einem brisanten Gutachten zum Schluss, die Telecom PTT könnte auch ohne Verfassungsänderung vollständig privatisiert werden. Die Post behält das Monopol nur für adressierte Briefe und für kleinere Pakete bis zwei Kilo. Im Fernmeldebereich fallen die bisherigen PTT-Monopole beim Telefon und den leitungsgebundenen Fernmeldenetzen.

Bundesrat zur Marktmiete gedrängt

Auch der Ständerat fordert Lockerung des Mieterschutzes

Wie zuvor schon der Nationalrat, hat nun auch die kleine Kammer beim Bundesrat eine Vorlage bestellt, welche die Marktmiete bringen und den gesetzlichen Mieterschutz lockern soll.

Die Wohnungsmieten sollen künftig nicht mehr aufgrund der Investitions- und Unterhaltskosten der Vermieter festgelegt werden, sondern dem freien Spiel der Marktkräfte zwischen Angebot und Nachfrage unterworfen sein. Bundespräsident Jean-Pascal Delamuraz opponierte vergeblich. Um die Einführung der Marktmiete sozialverträglich zu machen, müsste die öffentliche Hand an Mieter mit niedrigem Einkommen Zuschüsse in Höhe von 770 Millionen bis 1,6 Milliarden Franken bezahlen, gab er zu bedenken.

Vom Bund gut abgefedert

BESTECHENDE GESCHENKE

Vom Rinderwahnsinn zum Wahnsinn auf dem Rindermarkt

Bundesrat will bis Mitte 1999 230 000 Kühre schlachten lassen

Nach jahrelanger Beschwichtigung gab der britische Gesundheitsminister Stephen Dorrell einen möglichen Zusammenhang zwischen dem Rinderwahnsinn und der Creutzfeldt-Jakob-Krankheit, die das menschliche Gehirn zerstört, vor dem Unterhaus zu. Diese neue Erkenntnis in der BSE-Forschung löste auch in der Schweiz eine panikartige Rindfleisch-Kaufverweigerung der verschreckten Konsumenten aus. Um der katastrophalen Lage auf dem Fleischmarkt zu begegnen und die Schweiz vom Image des Rinderwahnsinns zu befreien, will der Bundesrat in den nächsten drei Jahren 230 000 ältere Kühe schlachten und zu Tiermehl verarbeiten lassen. Die höchst umstrittene Ausmerzaktion wird 320 Millionen Franken kosten.

Die Schweiz hat, wenn auch in weitem Abstand hinter Grossbritannien, die zweithöchste Rinderwahnsinnsrate der Welt. Schweizer Rindfleisch wird deshalb von den Kunden im Inland gemieden und von den Nachbarländern mit Einfuhrsperren von ihren Märkten ferngehalten. Die in Deutschland diskutierte Ausdehnung des Boykotts auf Milchprodukte wäre für die Produzenten von Käse und anderen Milchprodukten katastrophal. Die Krise in der Landwirtschaft mit ihren ins Bodenlose fallenden Preisen bringt den Bundesrat in Zugzwang. Bis Ende Juni 1999 soll in den 50 000 Schweizer Ställen keine Kuh mehr stehen, die vor dem 1. Dezember 1990, dem Zeitpunkt des Tiermehlfütterungsverbots für Kühe, geboren wurde. Auch die direkten Nachkommen der an Rinderwahnsinn erkrankten Tiere sollen der Schlachtbank zugeführt werden.

«Der Wahnsinn geht auf keine Kuhhaut – und einer ist wieder der Beschissene.»

BESTECHENDE GESCHENKE

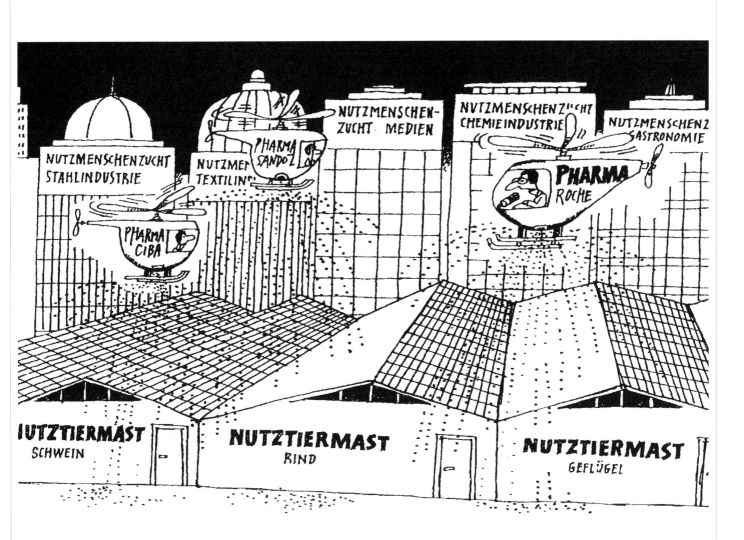

«Heli zwei an Labor: Rinderwahnsinn ist ausgelöst, sofort Gegenmittel an alle Apotheken ausliefern.»

BESTECHENDE GESCHENKE

Njet zur Osterweiterung der Nato

Der amerikanische Aussenminister Warren Christopher, der in Moskau den Widerstand des russischen Präsidenten Boris Jelzin gegen die geplante Osterweiterung der Nato ausloten wollte, machte im Auftrag von Präsident Bill Clinton klar, dass Moskau in dieser Frage kein Vetorecht zugebilligt werde. Zuvor hatten in Prag Vertreter von zwölf mittelosteuropäischen Ländern ihren Wunsch bekräftigt, Mitglieder der Verteidigungsallianz zu werden.

Christophers russischer Amtskollege Jewgeni Primakow erklärte erneut, sein Land werde eine Ausdehnung der Nato nach Osten nicht akzeptieren, weil es seine Interessen in einer sich verschlechternden geopolitischen Lage verteidigen müsse. Allerdings deutete er eine mögliche Kompromisslösung an, falls die Nato keine Waffen an Russlands Grenzen stationiere. Und der ukrainische Präsident Leonid Kutschma erklärte in einem TA-Interview, der Prozess der Nato-Erweiterung müsse langsam, in ausgewogener und sicherer Weise im Rahmen der in Europa stattfindenden Veränderungen ablaufen.

«Ich hänge an meinem alten Sofa.»

GSoA will der Armee erneut an den Kragen

«Die Abkürzung bleibt die gleiche, nur die Ziele ändern sich ein bisschen.»

Lancierung einer neuen Abschaffungs-Initiative ins Auge gefasst

Die Gruppe für eine Schweiz ohne Armee (GSoA) rüstet sich trotz den Austrittsdrohungen prominenter Gründungsmitglieder für einen neuen Angriff auf das eidgenössische Heer. Mit 60 zu 8 Stimmen sagte die in Solothurn tagende Vollversammlung ja zur Stossrichtung zweier neuer Volksinitiativen: Abschaffung der Armee, Schaffung eines Schweizer Friedensdienstes.

Bis im Frühling 1997 sollen die Entscheidungsgrundlagen für die Lancierung der beiden Volksbegehren vorliegen. Der Beschluss wurde trotz der Austrittsdrohung des prominenten GSoA-Mitgründers Andreas Gross gefasst. Der Zürcher SP-Nationalrat wiederholte vergeblich seine beiden Hauptargumente gegen die Lancierung: Die grundsätzliche Diskussion über die Zukunft der Schweizer Armee werde mit der Halbierungsinitiative ohnehin in den kommenden Jahren geführt; mit einer zweiten Initiative zum heutigen Zeitpunkt würden zudem die Isolationisten wieder aufgebaut und der aufkommende Denkprozess in Sachen Armee abgewürgt.

BESTECHENDE GESCHENKE

Sieben Krankenkassen zurückgepfiffen

Sie müssen die Prämien für 1996 rückwirkend senken

7 der 11 grössten Krankenkassen müssen in einzelnen Kantonen ihre Prämien für 1996 rückwirkend senken. Dazu hat sie das Bundesamt für Sozialversicherung (BSV) aufgefordert.

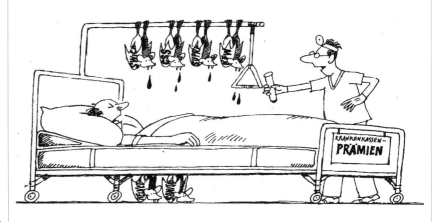

«Ein paar Tropfen müsst ihr wieder hergeben.»

Die als zu hoch erachteten Tarife verteilen sich auf 12 Kantone. Sie betreffen rund 5 Prozent der Versicherten, das heisst etwa 300 000 Personen. Die Verbilligung der Krankenkassenprämien hat in den einzelnen Kantonen zu «besorgniserregenden Differenzen» geführt, wie Bundesrätin Ruth Dreifuss an einer Pressekonferenz konstatierte. Es wäre die Aufgabe der Kantone, die Prämien für die unteren Einkommen zu verbilligen. Sie haben ihr Engagement aber bis auf 50 Prozent reduziert und damit auch nur die Hälfte der zur Verfügung stehenden Bundesmittel ausgeschöpft. Als besonders gravierend bezeichnete Dreifuss die Situation in den Kantonen Zürich und Baselland.

Bundesratsparteien einig – Blocher schert aus

Konzessionen in den bilateralen Verhandlungen gebilligt

Der Bundesrat hat der EU ein neues Angebot in den bilateralen Verhandlungen unterbreitet. Zuvor hatten sich die Spitzen der vier Regierungsparteien FDP, CVP, SP und SVP nach einem Treffen mit einer Bundesratsdelegation bereit erklärt, die neuen Kompromissvorschläge in den blockierten Verhandlungen mitzutragen.

Der Bundesrat offeriert in Brüssel im Personen- und Landverkehr eine schrittweise Liberalisierung auf Gegenseitigkeit. Obwohl sich auch die Spitze der SVP mit dieser Ausweitung des Verhandlungsmandats einverstanden erklärt hatte, gab der Zürcher SVP-Präsident Christoph Blocher kund, die Einführung des freien Personenverkehrs und die Preisgabe der 28-Tonnen-Limite komme nicht in Frage. Er drohte unverblümt mit einem Referendum und erhielt Schützenhilfe von der Freiheits-Partei, den Schweizer Demokraten und den Grünen, worauf SVP-Parteipräsident Ueli Maurer prompt umfiel.

BESTECHENDE GESCHENKE

«Wir verstehen euch, wenn wir die Köpfe von Schiltknecht, Blocher, Frey und Spälti ansehen müssen.»

Rainer Guts Erpressung ging in die Hose

SBG-Chef Studer setzt sich klar gegen «Raider» Ebner durch

Im Vorfeld der Generalversammlung der Schweizerischen Bankgesellschaft (SBG) eskalierte der Machtkampf um die grösste Schweizer Bank. Grossaktionär Martin Ebner, Chef der BK Vision, schoss aus allen Rohren, um die Wahl des langjährigen Konzernchefs Robert Studer zum neuen SBG-Präsidenten zu verhindern, und sammelte neue Verbündete unter seinem Banner. Als die Bastion zu wanken schien, glaubte Rainer E. Gut, Chef der CS-Bankengruppe, seine grosse Stunde sei gekommen: Er stöberte den scheidenden SBG-Präsidenten Nikolaus Senn in den Golfferien in Florida auf und stellte ihm telefonisch ein eigentliches Ultimatum: Entweder biete die SBG Hand zu einer Fusion mit der CS oder die CS werde mit «zugewandten Orten» zusammen mit Ebner gegen die SBG-Spitze stimmen.

Die sensationelle, im «Tages-Anzeiger» publizierte Nachricht von diesem Telefongespräch schlug auf dem Finanzplatz Zürich wie eine Bombe ein, wären doch bei dieser Elefantenhochzeit mindestens zehntausend Arbeitsplätze verloren gegangen. Nun machten alle Gegenkräfte mobil. Mit Erfolg: An der GV setzte sich das SBG-Establishment überraschend klar durch: Studer, der Ebner als «Raider» tituliert hatte, erhielt 62 Prozent der Stimmen; 6400 Aktionäre waren ins Hallenstadion gekommen. Und der SBG-Verwaltungsrat wies das CS-«Hochzeitsangebot» einstimmig zurück.

«Eine engere Verbindung zwischen den beiden Greens ist nicht geplant.»

BESTECHENDE GESCHENKE

«Die Swissair hat Genf verraten»

Konzentration der Langstreckenflüge auf Zürich: Empörte Romandie

Im Rahmen einer neuen Sparübung will die Swissair ihren Langstreckenverkehr in Zürich-Kloten konzentrieren. Mit Ausnahme der Interkontinentalflüge nach Washington und New York will die Schweizer Fluggesellschaft nur noch europäische Destinationen ab Genf-Cointrin anbieten. Der Entscheid hat in der Westschweiz Empörung und äusserst scharfe Kritik ausgelöst.

Die Swissair habe Genf verraten, ihr Entscheid sei staatspolitisch eine Ohrfeige und manövriere die Romandie noch mehr ins wirtschaftliche Abseits. Prägnante Schlagzeilen dieser Art bewogen den Bundesrat zu einer Intervention zugunsten des Genfer Flughafens. Aber die Swissair blieb hart. Sie versprach einzig, den Shuttle Genf-Zürich optimal in den interkontinentalen Flugplan einzubauen. Der neue Swissair-Chef Philippe Bruggisser begründete die Reorganisation mit dem Hinweis auf die nötige Stärkung Zürichs im internationalen Umfeld und auf jährliche Einsparungen von 50 Millionen Franken, welche die Konzentration des Langstreckenverkehrs auf Zürich bringe. «Nur eine finanziell gesunde Swissair kann den Interessen des ganzen Landes dienen», hielt er seinen Kritikern entgegen.

Wenn Buchhalter fliegen...

«Handzeichen schaffen Klarheit.»

BESTECHENDE GESCHENKE

Seltsame Botschaft des Herrn Botschafters

Botschafter über Liebesaffäre gestolpert

Cotti ruft Missionschef aus Rumänien zurück

Der Schweizer Botschafter in Rumänien, Jean-Pierre Vettovaglia, ist von Bundesrat Flavio Cotti mit sofortiger Wirkung seiner Funktion enthoben und in die Schweiz zurückbeordert worden. Der 49jährige verheiratete Waadtländer hatte ein Verhältnis mit der attraktiven 23jährigen Rumänin Florina Jucan, die nach den Ermittlungen der Bundespolizei Mitarbeiterin des rumänischen Nachrichtendienstes war.

EDA-Generalsekretär Josef Doswald bezeichnete Vettovaglia, dessen Beziehung zu der rothaarigen Schönheit in Bukarest Tagesgespräch war, als Sicherheitsrisiko. Der rumänische Geheimdienst dementierte erwartungsgemäss jegliche Kontakte zu Florina Jucan, die bestritt, je in der Spionage gearbeitet zu haben. «Er war ein äusserst aktiver Botschafter, offensichtlich war er in einigen Bereichen etwas zu aktiv», kommentierte ein rumänischer Wirtschaftsjournalist nicht ohne Bedauern die Abberufung Vettovaglias.

Huber lässt zweiten Prozess platzen

Ueberraschungscoup in der Zürcher Wirteaffäre

Kein zweiter Bestechungsprozess gegen den ehemaligen Chefbeamten vor Zürcher Bezirksgericht: Kurzfristig hat der zu fünf Jahren Zuchthaus verurteilte frühere Chef der Abteilung Wirtschaftswesen des Kantons Zürich auf die ursprünglich verlangte Zweitauflage verzichtet und damit die Zürcher Justiz ein weiteres Mal ausgetrickst.

Huber war beim ersten Prozess nicht vor Gericht erschienen und konnte deshalb von seinem Landsitz in der Toscana aus eine Wiederholung der Verhandlung mit einem neuen Richterteam verlangen. Bis das Obergericht die von Huber geforderte Berufungsverhandlung ansetzen kann, werden Monate verstreichen, was vor dem Hintergrund drohender Verjährungsfristen für die weit in die 80er Jahre zurückreichenden Delikte von Bedeutung sein kann.

BESTECHENDE GESCHENKE

«Er vergisst keinen Tag, seinen Schöpfer um Vergesslichkeit zu bitten.»

Den Politikern bleiben nur hilflose Appelle

Wenn die Chefs multinationaler Konzerne den Spielregeln des Weltmarkts folgen, hat die nationale Politik wenig auszurichten. Und wenn die masslosen Profiteure im weltweiten Firmen-Monopoly, welche die Gewinnmaximierung zum Mass aller Dinge erklären, dabei die Aengste Hunderttausender um Arbeitsplätze und Zukunft schüren, bleibt den Politikern nicht viel anderes übrig als an sie zu appellieren, bei ihrem Tun die menschlichen und sozialen Faktoren nicht ganz zu vergessen.

BESTECHENDE GESCHENKE

Im Zuge des Fortschritts

Stich tritt gegen die Neat an

Alt–Bundesrat will Bau des Lötschberg-Tunnels verhindern

Der Bundesrat hat eine neue Neat–Vorlage präsentiert: Er will die Neue Alpentransversale sowohl mit Gotthard – als auch mit Lötschberg-Basistunnel bauen. Die Autofahrer sollen mit einem Benzinzehner, die Camioneure mit der verdoppelten Schwerverkehrsabgabe zur Finanzierung beitragen. Einer der ersten Kritiker des Bundesratsentscheids war der frühere Finanzminister Otto Stich.

Der Rückenschuss aus Dornach löste Kopfschütteln in Bern aus: Noch nie hat ein Alt-Bundesrat so unzimperlich ins Tagesgeschäft seiner früheren Kollegen hineingefunkt. Bereits als Mitglied der Landesregierung hatte der Solothurner den Bau des Lötschberg-Tunnels zu torpedieren versucht. Sein Nachfolger im Finanzministerium, Kaspar Villiger, kommentierte die Kampfansage dezidiert: «In welcher Art und in welchem Ausmass sich ein Alt-Bundesrat in die Tagespolitik einbringen will, ist letztlich eine Stilfrage». Stich erklärte seine Entschlossenheit, gegen die Neat-Vorlage anzutreten, mit «sehr ernster Sorge um die dramatische Finanzsituation des Bundes». Auch die wegen des Verzichts auf den Hirzeltunnel verärgerten Ostschweizer Kantone sowie die mit den Finanzierungsvorschlägen nicht einverstandenen Wirtschaft- und Verkehrsverbände kündigten Widerstand gegen die Pläne an.

Einen Villiger–Stumpen verpasst

BESTECHENDE GESCHENKE

«Sieh mal an, ein Typ wie Inspektor Columbo – endlich ein Alternativ-Canal.»

Italiens Linke feiert «historische Wende»

Der «Olivenbaum» siegt vor dem «Pol der Freiheit»

Erstmals in der italienischen Nachkriegsgeschichte übernimmt die Linke das politische Ruder: Bei den mit Spannung erwarteten Parlamentswahlen siegte das Mitte-Links-Bündnis «Ulivo» (Olivenbaum) unter Romano Prodi klar vor der Rechtsallianz «Pol der Freiheit» um den früheren Ministerpräsidenten Silvio Berlusconi, den auch seine allgegenwärtige Medienpräsenz nicht vor Niederlage rettete.

Wahlsieger Prodi ist von Staatspräsident Oscar Luigi Scalfaro mit der Bildung der 55. Nachkriegsregierung beauftragt worden. Sein «Ulivo» verfügt in beiden Parlamentskammern über eine klare Mehrheit. Der Wirtschaftsprofessor aus Bologna hatte erst im Februar 1995 die politische Bühne betreten. Sein aus mehreren Gruppierungen der Linken und des Zentrums zusammengesetztes Bündnis wird auch von der exkommunistischen Demokratischen Partei der Linken (PDS) unterstützt, die als stärkste Kraft aus den Wahlen hervorgegangen ist.

BESTECHENDE GESCHENKE

Wieder eine reine Männerregierung gefallen

In Appenzell-Innerrhoden verwaltet eine Frau die Finanzen

Fünf Jahre nach der zwangsweisen Einführung des Frauenstimmrechts sitzt in Appenzell-Innerrhoden nun auch eine Frau in der Regierung: Die Landsgemeinde wählte die erst 32jährige Ruth Metzler-Arnold zur Finanzministerin, die im Halbkanton offiziell Säckelmeisterin heisst.

Im zweiten Wahlgang setzte sich die junge Kantonsrichterin, Juristin und Bücherexpertin gegen den bestandenen Politiker Josef Moser durch. Dies ist umso erstaunlicher, als Ruth Metzler als gebürtige Luzernerin eine «Auswärtige» ist, denen man sonst in Appenzell nicht so recht über den Weg traut. Und nur ein den alten Zeiten nachtrauernder Appenzeller meinte, die Frauen würden sich besser um den Sonntagsbraten kümmern statt in der Politik mitzukochen...

«Aber ich habe doch daheim schon eine».

«Hier spricht euer Sheriff: Manne mit Schnäuz, lasst euch sofort ein paar vertrauensbildende Aktionen einfallen.»

«Die Polizei hat die Pflicht, sich zu wehren»

Gegenseitige Schuldzuweisungen nach 1. Mai–Krawallen in Zürich

Im Anschluss an die offizielle 1.Mai–Kundgebung ist es in Zürich zu den schwersten Ausschreitungen seit Jahren gekommen. Mehrere Personen, darunter drei Polizeibeamte, sind verletzt worden. Der Gewaltausbruch verursachte nicht nur Sachschäden in der Höhe von rund 270 000 Franken, sondern auch heftige Reaktionen mit gegenseitigen Schuldzuweisungen.

Als sich in der Militärstrasse ein Polizeiaufgebot etwa 500 meist vermummten Demonstranten, die beim Helvetiaplatz zum «1. Mai–Klassenkampftag» aufgebrochen waren, entgegenstellte und sie zum Rückzug aufforderte, wurden die Ordnungshüter massiv mit Stahlkugeln, Brandsätzen, Steinen und Flaschen angegriffen. Die Polizeikräfte reagierten ebenso massiv: sie deckten die revolutionäre Parolen skandierenden Vermummten mit einem Gummigeschosshagel und Tränengasschwaden ein, wobei auch unbeteiligte Festbesucher auf dem Kasernenareal in Mitleidenschaft gezogen wurden. Das 1. Mai-Komitee, das von SVP und FDP für die Zwischenfälle mitverantwortlich gemacht wurde, sprach von einer «menschenverachtenden Einsatzdoktrin der Polizei» und forderte den Rücktritt von Polizeivorstand Robert Neukomm. Der angeschossene Stadtrat attestierte seinen Leuten, «richtig und korrekt» gehandelt zu haben: «Wenn die Polizei angegriffen wird, hat sie nicht nur das Recht, sondern auch die Pflicht, sich zu wehren.»

BESTECHENDE GESCHENKE

Der isolierte Wahnsinn

Major erklärt der EU den Krieg

London reagiert auf Beef-Boykott mit Boykott der Gemeinschaft

Auf den Beschluss der EU-Agrarminister, dass Grossbritannien alle Rinder über 30 Monate – rund 4,7 Millionen Tiere – töten muss, und auf ihre Weigerung, den Exportstopp für britisches Beef aufzuheben, antwortete der britische Premierminister John Major mit einer Kriegserklärung an die Gemeinschaft: Seine Regierung blockierte in kurzer Zeit 78 Entscheidungen und drohte damit den ganzen Apparat der auf einstimmige Entscheidungen fixierten Europäischen Union lahmzulegen.

Im Rindfleischkrieg mit Brüssel konnte Major auf die dramatisch gewachsene EU-Gegnerschaft im Tory-Lager zählen: 80 konservative Abgeordnete forderten bereits eine Volksabstimmung zur Frage des britischen Engagements in der EU und behandelten jeden Politiker, den sie für eine Aufweichung der Beef-Front gegen Brüssel verantwortlich machten, wie einen Landesverräter. Trotzdem drängten selbst Kabinettsmitglieder aus Angst vor einer weiteren Verschlechterung der Beziehungen zu Europa auf ein rasches Ende Feuer im Rindfleischkrieg.

Schlappe für Luzerner Bürgerblock

Der dissidente Liberale Urs W. Studer wird Stadtpräsident

Die Liberale Partei der Stadt Luzern hat mit ihrem Kandidaten für das Stadtpräsidium Schiffbruch erlitten: Die Luzerner Stimmberechtigten wählten nicht Rechtsanwalt Peter Studer, sondern seinen aus der Partei ausgetretenen Cousin Urs W. Studer zum Nachfolger des populären, sozial aufgeschlossenen Franz Kurzmeyer.

Mit dem Wirtschaftsvertreter Peter Studer wollte die Partei einen Kurswechsel herbeiführen und wurde dabei von CVP und SVP unterstützt. Vergeblich wurde versucht, den 47jährigen Amtsgerichtspräsidenten Urs W. Studer, der einst die Liberale Fraktion im Kantonsparlament präsidiert hat, als links-grünen Ueberläufer zu diskreditieren.

BESTECHENDE GESCHENKE

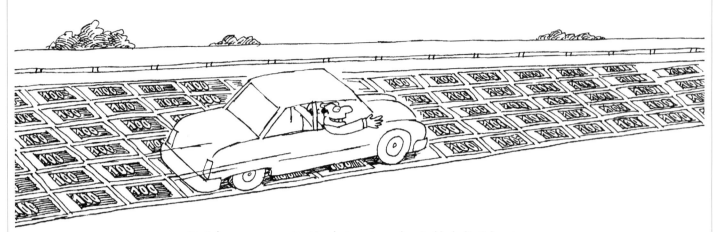

«Ein Belag aus gepressten Hunderternoten – das sind halt die Schweizer.»

Schweizer Autobahnen zehnmal teurer als geplant

Parlamentsstudie legt Kostenexplosion im Nationalstrassenbau offen

Das Nationalstrassennetz kostet über zehn Mal mehr als geplant und wird erst mit einem Vierteljahrhundert Verspätung fertig. Diesen Befund einer Auftragsstudie gab die nationalrätliche Geschäftsprüfungskommission (GPK) bekannt.

Nach jüngsten Schätzungen belaufen sich die Gesamtkosten des Netzes, das erst im Jahre 2012 fertiggestellt sein wird, auf 62,2 Milliarden Franken, während ursprünglich mit Kosten von 5,7 Milliarden gerechnet worden war. Die Kostenexplosion im Nationalstrassenbau, die seit den 80er Jahren jede andere Preisdynamik übertreffe, sei besorgniserregend, erklärte der GPK-Präsident, der Genfer Freisinnige Peter Tschopp. Dabei stünden die teuersten zehn Prozent des Baus noch bevor. Die bei den Teilstrecken durchwegs festgestellten Verzögerungen um Jahre nannte Nationalrat Tschopp «unglaublich und unerklärlich».

Nagra darf in Benken bohren

Letzte Bedenken wegbohren

Der Bundesrat hat das Sondierprogramm bewilligt

Die Nationale Genossenschaft für die Lagerung radioaktiver Abfälle (Nagra) hat vom Bundesrat die Bewilligung erhalten, im zürcherischen Benken eine Sondierbohrung und weitere erdwissenschaftliche Untersuchungen vorzunehmen.

Der Standort soll auf seine Eignung für ein Endlager hochradioaktiver Abfälle hin untersucht werden. Mit der Bohrung hofft man den Nachweis einer genügend mächtigen Gesteinsschicht erbringen zu können. Bis zum Jahr 2000 muss die Nagra beweisen können, dass auch hochaktiver und langlebiger mittelaktiver Atommüll in der Schweiz dauernd und sicher gelagert werden kann. Während der Zürcher Regierungsrat und der Gemeinderat Benken dem Nagra-Vorhaben grundsätzlich zugestimmt haben, formierte sich im Weinland eine breite Opposition gegen die Pläne. In Benken trägt die lokale Vereinigung «Bedenken» den Widerstand.

BESTECHENDE GESCHENKE

Swissair kürzt Pilotengehälter

Neuer GAV mit mehr Leistung und weniger Mitbestimmung

Nach einjährigen, harten Verhandlungen haben sich die Swissair und die Pilotengewerkschaft Aeropers auf einen neuen Gesamtarbeitsvertrag (GAV) geeinigt. Er fordert mehr Leistung bei gekürzten Löhnen und gewährt weniger Mitbestimmung.

Jetzt trifft der Sparhammer auch das Cockpitpersonal. Die Saläre werden linear um 5 Prozent gekürzt, eine Massnahme, die dem Unternehmen eine Kostensenkung von rund 18 Millionen Franken bringen soll. Mindestens so wichtig wie die Aufwandreduktion ist für die nationale Airline aber die Steigerung der Produktivität. Mit bloss 460 Flugstunden pro Jahr ist es nun vorbei: Das Pensum soll auf durchschnittlich 600 Stunden steigen. Zudem sind die Mitbestimmungsrechte des Flugpersonals weitgehend eingeschränkt worden. Durch Zwangsfrühpensionierung mit 55 Jahren soll der Personalbestand bis Ende 1997 überdies um rund 140 Beschäftigte abnehmen.

«Ich weiss ja, dass wir Ballast abwerfen müssen, aber meine Frau wird das nie verstehen.»

Arbeitgeber-Lobby gegen Bundesrat

Die Sozialcharta wird mit allen Mitteln bekämpft

Die Arbeitgeber kämpfen mit allen Mitteln gegen die Ratifizierung der Europäischen Sozialcharta, die minimale soziale Grundrechte international verankert. Mit Ausnahme von Zwergstaaten wie Liechtenstein und San Marino hat nur die Schweiz die Sozialcharta des Europarates bisher nicht ratifiziert.

Nachdem die beiden federführenden Bundesräte Jean-Pascal Delamuraz und Flavio Cotti ihre positive Stellungnahme an den Gesamtbundesrat formuliert hatten, reagierte der Arbeitgeber-Verband prompt und mit aller Schärfe. Es sei verheerend und setze ein falsches politisches Signal, in den schwierigen Zeiten der Rezession eine solche internationale Verpflichtung zu unterzeichnen, stellte er in einem Schreiben an die Landesregierung fest. Bei ihrem massiven Lobbying können die Arbeitgeber auf die Schützenhilfe von Wirtschaftsvertretern und antieuropäischen Exponenten im Parlament zählen.

«Sie sehen doch, Fräulein, dass der Herr Minister keine Hand frei hat.»

BESTECHENDE GESCHENKE

Artur Jorge wirft Sutter und Knup aus dem EM-Kader

Nati-Coach provoziert einen Entrüstungssturm

Zehn Tage vor Beginn der Fussball-Europameisterschaft in England hat der Schweizer Nationaltrainer Artur Jorge bei der Bekanntgabe des 22-Mann-Kaders für die Endrunde eine Bombe platzen lassen: Mit seinem Verzicht auf die beiden in der Bundesliga spielenden «Söldner» Alain Sutter und Adrian Knup löste der Portugiese einen Entrüstungssturm aus, der vom «Blick» mit Riesenschlagzeilen wie «Jetzt spinnt er!» und «Wahnsinn» angeheizt wurde.

«Nein, die Portugiesen haben nie englisches Rindfleisch importiert, soviel ich weiss, und ausserdem beträgt die Inkubationszeit zirka 37 Jahre oder so...»

Als SFV-Zentralpräsident Marcel Mathier die doch recht stillose Verabschiedung des Publikumslieblings Sutter und des Rekordtorschützen Knup mit den Worten rechtfertigt, «dass die beiden Spieler nicht über das für die Schweizer Nationalmannschaft nötige Spielerniveau verfügen», lag für «Blick» der Verdacht auf der Hand: War das die Retourkutsche des Schweizer Fussball-Verbandes für Sutters «Stop It, Chirac»-Aktion beim Länderspiel gegen Schweden in Göteborg? Und die Quittung für Knups Engagement bei der vom SFV ungeliebten Spielergewerkschaft «Profoot»?

Cargo Domizil Schweiz: Fahrt aufs Abstellgleis

SBB-Spitze mit fahrlässigen Führungsschwächen

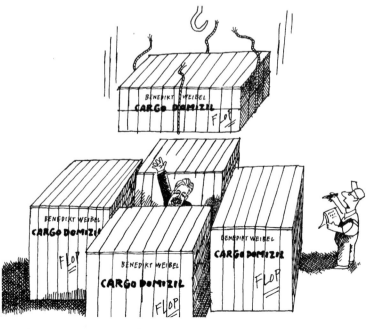

«Adresse stimmt – und absetzen...»

Eine parlamentarische Arbeitsgruppe hat beim Stückgutkonzept Cargo Domizil Schweiz (CDS) fahrlässige Führungsschwächen bei der SBB-Spitze geortet: Den Ablauf des CDS-Verkaufs bezeichnet sie als grotesk. Im Kreuzfeuer der Kritik stehen Direktionspräsident Benedikt Weibel und sein Generaldirektor Hanspeter Fagagnini.

Ueberstürzt hatten 1994 die Bahngewaltigen als Väter der Cargo Domizil AG mit einem Federstrich den Stückgutverkehr ausgegliedert. Privatisierung und Rationalisierung waren die Zauberworte, die aus dem verlustreichen Geschäftszweig ein rentables Unternehmen machen sollten. Stattdessen rutschte Cargo Domizil in ein Chaos sondergleichen: Schon ein Jahr nach ihrer Gründung war die Stückgutfirma ein Sanierungsfall. Fehlte nur noch das Trauerspiel um den Verkauf des maroden Ladens an die Konkurrenz von der Strasse, wobei sich zwei Gruppen von Camioneuren um die Beute balgten.

BESTECHENDE GESCHENKE

«Zimmer 201 – und bitte keinen Lärm, wenn Sie den Koffer nach oben tragen.»

Ferienland Schweiz sieht alt aus

Bundesrat will 18 Millionen für neue Impulse ausgeben

Die Schweiz verliert im Wettbewerb unter den Tourismusländern laufend an Terrain. Daran sind nicht allein die Rezession und der teure Franken schuld. Die Schweiz, einst Pionierland des modernen Tourismus, ist heute nur noch «eine ältere touristische Destination». Nun will der Bundesrat mit 18 Millionen Franken innerhalb von fünf Jahren neue Impulse für Innovationen und Zusammenarbeit im Tourismus geben, nachdem das Parlament der geplagten Hotellerie bereits mit einem um 3 1/2 Prozent tieferen Mehrwertsteuersatz entgegengekommen ist.

Die Weltorganisation für Tourismus erwartet, der Anteil des Ferienlandes Schweiz am Weltmarkt werde von derzeit noch 2,6 Prozent um die Jahrhundertwende unter 1 Prozent sinken: Eine düstere Prognose für den viertgrössten Wirtschaftszweig, von dem direkt oder indirekt rund 300 000 Arbeitsplätze abhängen. Experten machen für den Krebsgang vor allem den Mangel an Servicequalität, an einem günstigen Preis-Leistungs-Verhältnis und am Innovationsvermögen verantwortlich.

Käse–Union: Manager bestochen

Bundesanwältin setzt Ex-Marketingchef in Haft

Der ehemalige Marketingchef der Schweizerischen Käse-Union, Walter Rüegg, ist wegen mutmasslicher Bestechung in Bern verhaftet worden. Zum Verhängnis wurden ihm Bundesanwältin Carla Del Ponte und einer seiner Kunden, der italienische Grossimporteur Luigi Prevosti, der im Laufe der letzten zehn Jahre insgesamt 23 Millionen an schwarzen Zahlungen erhalten hat und im Verhör mit der Bundesanwältin gestand, Rüegg zwischen 1988 und 1995 als «Geschenk» total 350 000 Franken Bestechungsgelder ausgehändigt zu haben.

Beim Export von Ueberschusskäse operierte die Käse-Union während Jahren mit Rückzahlungen. Weil im Zollabkommen mit der EU der Mindestpreis von sieben Franken pro Kilo eingehalten werden musste, kauften die ausländischen Importeure den Käse zu teuer, erhielten einen entsprechenden Betrag dann aber wieder

«Ich habe von Anfang an gesagt, Emmentaler eigne sich nicht für den Tresor.»

zurück. Die damit verbundenen Mauscheleien kamen bereits vor einem Jahr auf den Tisch, doch verlief die von Bundesrat Jean-Pascal Delamuraz angeordnete Administrativuntersuchung im Sande, weil Rüegg die Dokumente gefälscht hatte.

BESTECHENDE GESCHENKE

«Er möchte dem guten Mann nur schnell für seinen Mut gratulieren, weil er sein Geschäft aufs Land verlegt hat.»

Polizei «säubert» Istanbul für Uno–Konferenz

Während der Uno-Konferenz Habitat II, die sich mit den Problemen unkontrolliert wachsender Ballungszentren beschäftigte, wollte sich die Konferenz-Stadt Istanbul von ihrer besten Seite zeigen. Wer nicht ins Bild einer modernen, sauberen Grossstadt passte, hatte zu verschwinden: Bettler, Strassenkinder und Leimschnüffler wurden von der Polizei eingesammelt und aus dem Umfeld der Habitat verbannt. Auch die meisten fliegenden Händler wurden von ihren Standorten vertrieben. Dabei gäbe es kaum einen geeigneteren Ort als die Bosporus-Metropole am Schnittpunkt zwischen Europa und Asien, um die Folgen chaotischer Urbanisierung zu illustrieren. In den letzten Jahren ist die Einwohnerzahl auf etwa 14 Millionen angeschwollen, und jedes Jahr kommt eine halbe Million Menschen dazu, die in armseligen Unterkünften hausen.

Zürcher Kantonsrat schafft Wirteprüfung ab

Für ein Wirtepatent soll im Kanton Zürich künftig kein Fähigkeitszeugnis mehr verlangt werden. Eine Allianz von FDP und SP hat dies im Kantonsrat möglich gemacht: Mit 100 gegen 54 Stimmen beantragt das kantonale Parlament dem Volk, die Wirteprüfungen abzuschaffen.

Der Kantonsrat will das Gastgewerbegesetz entschlacken: Bedürfnisklausel und Fähigkeitsausweise für Wirte sollen abgeschafft und die Patentabgaben reduziert werden. Wenn das neue Gastgewerbegesetz an der Urne gutgeheissen wird, ist Zürich nach Zug der zweite Kanton, der den Wirteberuf freigibt. Der Gastgewerbeverband hatte die Abschaffung des Fähigkeitsausweises für Wirte mit dem Argument bekämpft, da es für diesen Beruf keine Lehre mit Lehrabschlussprüfung gebe, habe der Ausweis einen Mindeststandard garantiert.

«Das wahrhaft Verheerende ist doch, dass jeder unzufriedene Gast, der früher höchstens eine Reklamation geschrieben hat, neuerdings gleich ein eigenes Restaurant eröffnen kann.»

Nationalrat lehnt «grossen Lauschangriff» ab

Die Staatsschützer sollen nicht ohne konkreten Tatverdacht Telefone abhören, Post öffnen, Wanzen pflanzen oder Richtmikrophone einsetzen dürfen. Der Nationalrat hat sich bei der Behandlung des Bundesgesetzes über Massnahmen zur Wahrung der inneren Sicherheit gegen den Ständerat gestellt und den sogenannten grossen Lauschangriff mit 134 gegen 37 Stimmen klar abgelehnt.

Auf der Strasse, im Zug oder Restaurant dürfen Staatsschützer filmen und Gespräche aufzeichnen. Diesen «kleinen Lauschangriff» hat der Nationalrat wie zuvor der Ständerat gutgeheissen. Die Mehrheit der freisinnigen Nationalräte sowie die Liberalen und die Freiheitspartei wollen den «grossen Lauschangriff» unter bestimmten Bedingungen gegen Organisationen zulassen, die auf der geheimen Beobachtungsliste figurieren. Justizminister Arnold Koller erklärte, es wäre dem Volk nicht verständlich zu machen, dass die neue präventive Polizei über mehr Mittel verfügen sollte als die politische Polizei der Fichenära. Die Schweiz befinde sich nicht in einer sicherheitspolitischen Notlage.

«Nur so kann Prävention funktionieren: Kaum haben Sie Ihren kriminellen Gedanken fertig gedacht, hindert Sie mein Hund an der Durchführung, klar?»

BESTECHENDE GESCHENKE

«Musterhafte Synthese von Geschmacks- und Finanzkultur»

Alexander Pereira leitet seit 5 Jahren das Zürcher Opernhaus

Nach fünfjähriger Herrschaft im Zürcher Opernhaus fällt die Bilanz des Wirkens von Alexander Pereira höchst schmeichelhaft aus. Unter seiner Leitung hat das Kulturinstitut am Bellevue einen bemerkenswerten künstlerischen Aufschwung genommen, der mit einer markanten Steigerung des internationalen Ansehens des weiterum erfolgreichsten Musiktheaters verbunden ist. Die Zeitschrift «Opernwelt» hat seine Bühne zum «Opernhaus der Saison» erklärt, und der Kritiker der «Frankfurter Rundschau» attestiert seinem Haus eine «musterhafte Synthese von Geschmacks- und Finanzkultur»: Neid und Bewunderung der ausländischen Experten gelten nicht zuletzt der ökonomischen Balance am Zürcher Opernhaus. Manager Pereira, der gebürtige Wiener, setzt auf grosse Namen und vermag auch die drei Supertenöre Domingo, Carreras und Pavarotti in sein Haus zu locken. Und während die Wiener Staatsoper für die kommende Spielzeit bloss vier Premieren (lauter Koproduktionen) ankündigt, setzt Pereira dreizehn Novitäten auf das Programm und entzückt damit Publikum, Gönner und Sponsoren gleichermassen.

BESTECHENDE GESCHENKE

Der Stich ins Bienenkörbchen

8000 Abflüge mehr: Viel Lärm im Glattal

Die Neuordnung des Swissair-Verkehrsnetzes und die praktisch vollständige Verlegung des Langstreckenverkehrs von Genf nach Zürich haben Folgen: Künftig starten täglich über zwanzig Maschinen mehr in Kloten – macht rund 8000 zusätzliche Abflüge im Jahr.

Am härtesten betroffen von dieser massiven Steigerung der Landungen und Abflüge sind Zürich-Nord und die Gemeinden im mittleren Glattal, denn die Swissair lenkt den Grossteil des Mehrverkehrs gegen Süden. Auf der Piste 16 nimmt die Zahl der Starts um fast 50 Prozent zu, die Piste 14 wird zur Hauptlandepiste. Als der Präsident des Flughafen-Schutzverbandes, Peter Staub, bei der Präsentation des neuen Konzepts wissen wollte, wann endlich mit verbindlichen Lärmbelastungs-Grenzwerten zu rechnen sei, verwies Volkswirtschaftsdirektor Ernst Homberger auf die Zuständigkeit des Bundes: «Vielleicht ist Bern in einem Jahr so weit...» Inzwischen muss sich die betroffene Bevölkerung mit der Versicherung der Swissair-Leitung trösten, dass neue Flugzeuge weniger Krach machen als alte Maschinen...

Der Kanton diktiert, wie Zürich bauen muss

Jetzt gilt nur noch Hofmanns BZO

Das Bundesgericht hat die Rekurse des Zürcher Stadtrats gegen die vom Kanton erlassene Ersatz-BZO aus formellen Gründen abgewiesen. Die städtische Bau- und Zonenordnung von 1992 ist damit beerdigt, ein fast zwanzig Jahre dauerndes Kapitel zürcherischer Politik abrupt beendet.

«Ist das nicht zufällig Ursula Koch, die da unten läuft?»

Zürich hat wieder eine einzige geltende Bau- und Zonenordnung – wenn auch eine vom kantonalen Baudirektor Hans Hofmann (SVP) diktierte. Nach der von ihm erlassenen BZO kann vielerorts breiter und höher gebaut werden, die Ausnützung steigt und der Wohnanteil sinkt. Die vom Entscheid aus Lausanne schwer enttäuschte Verliererin des Rechtsstreits, Stadträtin Ursula Koch (SP), erklärte: «Damit ist wieder einmal deutlich geworden, dass die Bau- und Immobilienlobby ihre Interessen gegen den Volkswillen durchzusetzen vermag». Die Vorsteherin des Hochbauamtes befürchtet, dass die BZO «katastrophale Folgen» für die Limmatstadt haben wird, weil sie überhaupt keine planerischen Vorstellungen beinhalte.

BESTECHENDE GESCHENKE

Alles ziemlich wacklig

«Aufruf zur Tat» von Bundesrätin Dreifuss verhallt

Keine gemeinsame Strategie zur Sicherung der Sozialwerke

Als «Aufruf zur Tat» hat Bundesrätin Ruth Dreifuss den Bericht über die finanziellen Aussichten des Sozialstaats präsentiert. Doch die Reaktionen bewiesen eindeutig, dass die Regierungsparteien keine gemeinsame Strategie zur Sicherung der Sozialwerke in Angriff nehmen wollen.

Nachdem einzelne Zahlen durch eine Indiskretion vorzeitig an die Oeffentlichkeit gedrungen waren und im Bundeshaus für einen Riesenwirbel gesorgt hatten, hat Bundesrätin Dreifuss den «Bericht über die Finanzierungsperspektiven der Sozialversicherungen» schneller als geplant publiziert. Es handelt sich dabei um Abklärungen über die mittel- und langfristige Sicherung des Drei-Säulen-Systems. Die Sozialministerin betonte, dass nicht nur die Ausgaben, sondern automatisch auch die Einnahmen der Sozialwerke wachsen würden, sodass im Jahr 2010 effektiv 14 Milliarden Franken zusätzlich aufzubringen seien. Der Bericht sei «ein Aufruf zur Tat» und «kein Aufruf zum Moratorium». Doch die Präsidenten der FDP und der SVP winkten ab. Es sei klar, dass die Sozialwerke nicht weiter ausgebaut und auch nicht allein über Mehreinnahmen gesichert werden könnten: vielmehr müsse über Abstriche diskutiert werden. Anders die SP, die zusammen mit den Gewerkschaften die bürgerlichen Parteien und die Arbeitgeber-Organisationen beschuldigt, die durch Wirtschaftskrise und Arbeitslosigkeit ausgelösten Aengste zu schüren, um einen «realistischen Ausbau» des Sozialstaats zu hintertreiben. Nächster Konfliktfall: die Verwirklichung der Mutterschaftsversicherung.

BESTECHENDE GESCHENKE

Der Mensch immer im Mittelpunkt

Ueberraschende Wahl: Piller wird BSV-Direktor

Nichts zu verteilen

Der Bundesrat hat den früheren Freiburger SP-Ständerat und Bundesratskandidaten Otto Piller zum neuen Direktor des Bundesamts für Sozialversicherung gewählt. Die Wahl des 54jährigen Deutschfreiburgers kam überraschend, war doch sein Name in den Spekulationen um die Nachfolge des altershalber zurücktretenden BSV-Direktors Walter Seiler nie genannt worden.

Der aus einer Kleinbauernfamilie stammende studierte Physiker und Mathematiker Otto Piller war seit 12 Jahren Direktor des Eidgenössischen Amtes für Messwesen, das Bundesrat Arnold Koller unterstellt ist. Nun folgt er einer Berufung durch Bundesrätin Ruth Dreifuss und wechselt an eine zentrale Position in der Auseinandersetzung um die Sozialpolitik. Dreifuss bezeichnete ihn als Idealbesetzung: In seinem 16jährigen Wirken als Ständerat habe er sich an allen grossen sozialpolitischen Reformen beteiligt und sich als Politiker zudem umfassende Kenntnisse in der Finanz- und Wirtschaftspolitik angeeignet. Auch habe er sich immer wieder um konsensfähige Lösungen bemüht.

BESTECHENDE GESCHENKE

Eine schwierige Heirat

Konsumentenschutzorganisationen wollen fusionieren – aber wie?

Die Präsidentin des Konsumentinnenforums Schweiz (KF), Margrit Krüger, spricht Klartext: «Der Verbraucherschutz in der Schweiz muss gestärkt werden». Peter Vollmer, Präsident der Stiftung für Konsumentenschutz (SKS), sieht es auch so: «Wir können uns eine Verzettelung unter den verschiedenen Organisationen nicht mehr leisten». Damit sind die Gemeinsamkeiten vorläufig erschöpft: Man ist sich zwar einig über die Notwendigkeit eines Zusammenschlusses – aber nicht über das Wie. Bereits früher waren Fusionsbemühungen im Sande verlaufen. Und auch beim neuen Anlauf kann man sich noch nicht einmal darüber einigen, ob die aus KF und SKS hervorgehende Organisation die rechtliche Form eines Vereins oder einer Stiftung haben soll...

«Beim ersten gemeinsamen Auftritt kann ja noch nicht alles klappen».

Stadtrat Wehrli gerät unter Klärschlamm-Druck

Der Zürcher Stadtrat Hans Wehrli gerät im Zusammenhang mit der Klärschlamm-Affäre unter Druck: Ein amtsinterner Untersuchungsbericht wirft dem FDP-Politiker Vertragsverletzung vor.

Die Stadt Zürich prozessiert in der Klärschlamm-Affäre gegen drei Entsorgungsfirmen und fordert von ihnen Rückzahlungen in Millionenhöhe. Ihnen wird vorgeworfen, sie hätten den Klärschlamm vertragswidrig entsorgt und dafür Millionen kassiert. Verschont blieb die Mühle Steinmaur AG, die ebenfalls Klärschlamm entsorgt hatte, und zwar auf fragwürdige Art und Weise. Wehrli hatte das Unternehmen bis zu seiner Wahl in den Stadtrat als Geschäftsführer geleitet und ihm danach, trotz aufkommender Kritik, als Verwaltungsratspräsident vorgestanden. Die Mühle Steinmaur soll den Klärschlamm nicht, wie vereinbart, zu Granulat verarbeitet, sondern auf Feldern im Kanton Thurgau entsorgt und dafür einen überrissenen Preis von der Stadtentwässerung verlangt haben.

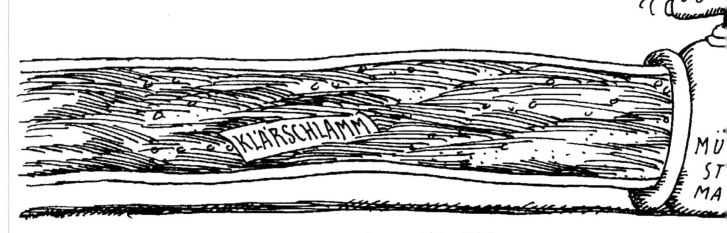

Immer am richtigen Hebel

Die «Stahl Schweiz» ist geboren

Von Roll verkauft ihr Stahlgeschäft an von Moos

Der seit längerer Zeit erwartete Zusammenschluss in der schweizerischen Stahlindustrie ist perfekt: Das Luzerner Familienunternehmen von Moos übernimmt den Stahlbereich des im solothurnischen Gerlafingen domizilierten Von-Roll-Konzerns. Ohne Druck und Hilfe der Banken wäre die Lösung nicht zustande gekommen.

Ein Konsortium der Kreditanstalt, der Bankgesellschaft und des Bankvereins hat den Kauf der Von-Roll-Tochtergesellschaft an die von Moos-Holding vorfinanziert. Diese Grossbanken sind neben den bisherigen Aktionären mit insgesamt 70 Prozent an der neuen Gesellschaft beteiligt. Mit dem Verkauf seines schweizerischen Stahlgeschäfts hat sich Von Roll von einer jahrhundertealten Tradition getrennt. Die «Stahl Schweiz» ist damit Realität geworden: Von Moos bleibt als einziger Stahlproduzent der Schweiz mit einem Gesamtumsatz von rund 900 Millionen Franken übrig. Da die notwendigen Restrukturierungen mittelfristig einen «unvermeidlich werdenden Personalabbau» zur Folge haben, ist die Geburt der «Stahl Schweiz» von den Gewerkschaften mit gemischten Gefühlen aufgenommen worden.

«Sie können nicht verhindern, dass bei so einem Prozess auch ein paar Mitarbeiter plattgewalzt werden.»

BESTECHENDE GESCHENKE

«Wir möchten einen Antrag auf Landesausweisung annullieren lassen und in eine Einbürgerung umwandeln – aber subito!»

Auf die Euphorie folgte die Ernüchtung

An der EM–Endrunde hat die Schweiz die Erwartungen enttäuscht

Mit einem einzigen Punkt aus dem Eröffnungsspiel gegen England hat die Schweizer Fussball-Nationalmannschaft unter ihrem portugiesischen Trainer Artur Jorge als Gruppenletzte die Viertelfinalqualifikation an ihrer ersten Europameisterschafts-Endrunde auf der britischen Insel klar verfehlt und damit die hochgesteckten Erwartungen enttäuscht. Den Titel holte sich Deutschland mit einem «golden goal» in der Verlängerung des Finals gegen Aussenseiter Tschechien.

Im EM-Eröffnungsspiel hatten die Schweizer im Londoner Wembley-Stadion vor 76 000 Zuschauern einen starken Auftritt. Der im Vorfeld der EM wegen der Nichtberücksichtigung von Alain Sutter und Adrian Knup heftig kritisierte Nationalcoach Artur Jorge hatte die Mannschaft hervorragend auf die favorisierten Gastgeber eingestellt, und Kubilay Türkyilmaz sicherte mit einem verwandelten Elfmeter das hochverdiente Remis. An den heimischen Bildschirmen brach die Euphorie aus. Im zweiten Spiel hielten die Schweizer gegen Holland eine Stunde lang gut mit, mussten sich aber schliesslich 2 : 0 geschlagen geben. Damit schien ihr Kampfwillen gebrochen zu sein. Im dritten Spiel standen sie gegen die mit mustergültigem Einsatz kämpfenden Schotten einmal mehr auf verlorenem Posten, nachdem die Stürmer ihre wenigen, aber erstklassigen Torchancen nicht genutzt hatten.

BESTECHENDE GESCHENKE

«Bitte verzeih mir, du Rasenheiliger – woher hätte ich denn wissen können, dass du auch ohne Sutter Wunder vollbringen kannst?»

BESTECHENDE GESCHENKE

CS bricht radikal mit der Vergangenheit

Drastischer Abbau von Filialen und Arbeitsplätzen

Die CS Holding bricht unter der Führung von Verwaltungsratspräsident Rainer E. Gut radikal mit der Vergangenheit. Durch die Konzentration auf die drei Geschäftsbereiche Retail, Investmentbanking und Privatkunden werden rund 5000 Stellen gestrichen. Das Filialnetz in der Schweiz wird drastisch reduziert: Von den insgesamt 376 Filialen der Kreditanstalt, der Volksbank und der Bank Leu verschwinden 112 Zweigstellen durch Zusammenlegungen, weitere 15 bis 20 Filialen werden geschlossen. Auch der traditionsreiche Name SKA verschwindet.

«Für meinen Golfplatz in Florida sind 53 Stellen draufgegangen, fürs Schiff 21 und fürs Auto meiner Frau 12 – ich weiss gar nicht, wie die Journalisten auf einen Stellenabbau von 4000 kommen...»

Während die Personalverbände den einschneidenden Stellenabbau als «Katastrophe» bezeichneten und Bundespräsident Jean-Pascal Delamuraz die Banken besorgt an ihre soziale Verantwortung erinnerte, haben die Börsen den grundlegenden Umbau der CS-Gruppe mit einem Kursfeuerwerk belohnt. Erstes Opfer des rabiaten Umbaus, den er nicht mittragen wollte, ist SKA-Chef Josef Ackermann, der seinem langjährigen Förderer Rainer E. Gut den Rücktritt anbot. Er setzte lieber seinen hochdotierten Posten als die eigene Glaubwürdigkeit aufs Spiel, hatte er doch wiederholt die soziale Verpflichtung der Grossbanken unterstrichen.

Jelzin holt Lebed in sein Team

Der Ex-General wird Sicherheitsberater des Präsidenten

Nach dem ersten Wahlgang der russischen Präsidentschaftswahlen, in welchem er nur drei Prozent mehr Stimmen erhielt als sein kommunistischer Gegenspieler Gennadi Sjuganow, machte Boris Jelzin einen geschickten Schachzug: Er holte den drittplazierten Alexander Lebed als Sicherheitsberater in sein Team, obwohl der populäre Ex-General im Wahlkampf die «korrupte Jelzin-Bande» scharf kritisiert hatte.

Während der gesundheitlich schwer angeschlagene Präsident Jelzin wieder einmal von der Bildfläche verschwand, forderte sein neuer Sicherheitsberater mehr Vollmachten. Wichtigstes Anliegen seiner Sicherheitspolitik, so erklärte der 46jährige Ex-General, sei das Wohl der Streitkräfte und des militärisch-industriellen Komplexes. Russland brauche keinen neuen Eisernen Vorhang, müsse seine Interessen gegenüber dem Westen aber besser verteidigen und den Import von westlichen Gütern eindämmen, die den russischen Markt überschwemmten.

BESTECHENDE GESCHENKE

Kommen Lehrer doppelt an die Kasse?

«Wir Lehrer werden wieder doppelt geleert».

Der Streit um die Aenderung der Lehrerbesoldungsverordnung ist entschieden: Der Zürcher Kantonsrat hat sie gutgeheissen. Vor allem Berufseinsteiger verdienen weniger. Die Besoldungsrevision hat langfristig einen fünfprozentigen Lohnabbau zur Folge. Parallel dazu fordert die Regierung für die Beamten aller Berufe ein lineares Lohnopfer von maximal ebenfalls fünf Prozent.

Wenn Regierung und Parlament diese Vorschläge vollständig realisieren, kommt das Lehrpersonal doppelt an die Kasse. Für den Chef des Personalamts bei der Finanzdirektion, Fritz Lang, kann die Lehrerschaft schon allein deshalb nicht von den linearen Lohnkürzungen befreit werden, «weil damit ein erheblicher Teil der beabsichtigten Sparwirkung von maximal 153 Millionen Franken verlorenginge». Die Senkung der Einstiegslöhne sei «vertretbar, sowohl im Vergleich zu den Anfangssalären in anderen Kantonen als auch mit jenen von Berufen mit analogem Anforderungsprofil beim übrigen Staatspersonal im Kanton Zürich».

Cotti fordert: «Karadzic muss weg»

OSZE-Präsident warnt vor bosnischer Scheindemokratie

Vor der in Stockholm tagenden Parlamentarischen Versammlung der Organisation für Sicherheit und Zusammenarbeit in Europa (OSZE) erklärte der amtierende OSZE-Präsident Flavio Cotti, solange angeklagte Kriegsverbrecher wie Karadzic politischen Einfluss ausüben, könne es in Bosnien keine fairen und freien Wahlen geben. Der Schweizer Aussenminister appellierte an die internationale Gemeinschaft, jetzt gegen die Urheber unbeschreiblicher Greuel vorzugehen, «sonst entwickeln sich die Wahlen zum Gegenteil dessen, was man von ihnen erwartet».

Unter dem wachsenden Druck der Weltöffentlichkeit und der erdrückenden Beweislast der vom Internationalen Kriegsverbrecher-Tribunal in Den Haag zusammengetragenen Zeugenaussagen gegen ihn und seinen Armeechef Ratko Mladic hat der bosnische Serbenführer Radovan Karadzic seinen Verzicht auf alle politischen Aemter erklärt. Da er als Präsident der Republik Srpska wie auch als Vorsitzender der Serbisch-Demokratischen Partei von treuen Gefolgsleuten ersetzt wird, werten Beobachter seinen Rückzug lediglich als taktisches Manöver.

«Ganz und gar offene Verhältnisse»

BESTECHENDE GESCHENKE

BESTECHENDE GESCHENKE

Hab Sonne im Herzen...

Das 23. Eidgenössische Jodelfest brach alle Rekorde: Hunderttausend Folklore-Fans reisten an den Thunersee, um den Wettkämpfen der 13 000 in Tracht und Kühermutz gewandeten Jodlerinnen und Jodler, Alphornbläser und Fahnenschwinger beizuwohnen. Und am Festumzug trug auch Petrus endlich seinen Teil zur heilen Volkstums-Welt bei, als Bundesrat Adolf Ogi aus der Kutsche in die begeisterte Menge winkte.

Aktion «Beglückendes T(h)un»

BESTECHENDE GESCHENKE

Kantonspolizisten tappten am Horn von Afrika in die Falle

Eine kostspielige und erst noch missglückte Ausschaffungsaktion

Die missglückte Zwangsausschaffung eines 41jährigen Somaliers, der wegen mehrfachen Diebstahls und Drogendelikten zu einer siebenjährigen Landesverweisung verurteilt worden war, dürfte in den Annalen der Zürcher Kantonspolizei einen Sonderplatz erhalten, kostete sie doch mehrere zehntausend Franken.

Ursprünglich war die Begleitung des Somaliers durch zwei Kantonspolizisten nur bis Djibouti vorgesehen, von wo er allein in seine Heimat am Horn von Afrika hätte weiterfliegen sollen. Weil er dort im Flughafen randalierte und sich gegen die Weiterreise sträubte, blieb seiner Eskorte nichts anderes übrig, als für die letzte Etappe der Reise in die somalische Stadt Balidogle eine Privatmaschine zu chartern. Nach der Landung verweigerten die somalischen Behörden die Aufnahme des Ausschaffungshäftlings. Zudem nahmen bewaffnete Milizen des selbsternannten Präsidenten Aidid die beiden Polizisten praktisch in Haft. Schliesslich präsentierten sie den eingeschüchterten Polizisten die Rechnung für die Unterkunft im vergitterten «Guesthouse» und den Rücktransport in einem Extraflugzeug als Bedingung für ihre Freilassung: insgesamt rund

«Wenn wir jetzt noch unser Peilflugzeug hätten, könnten wir die Spritztour erheblich billiger anbieten».

20 000 Franken. Nachdem das Polizeikommando in Zürich über diplomatische Kanäle die Kostengutsprache erteilt hatte, kehrten die Polizisten mit dem Somalier, der nach der Ankunft sofort wieder in Ausschaffungshaft genommen wurde, in die Schweiz zurück. Erst nachträglich wurde bekannt, dass die somalischen Milizen das Kidnapping von ausländischen Funktionären und deren Freilassung gegen Lösegeld offenbar zu einem lohnenden Geschäft entwickelt haben...

Schwan rammt Tram und andere tierische VBZ-Geschichten

«Hallo, Leitstelle, hinter mir steht einer, der mir einen Bären aufbinden will mit einer unglaublichen Zoogeschichte».

«Wo wir fahren, lebt Zürich» steht auf Trams und Bussen der VBZ geschrieben. Alle Wagenführer und Chauffeure der Verkehrsbetriebe können Funkverbindung mit der Leitstelle aufnehmen und aussergewöhnliche Vorkommnisse melden. Dabei geht es auch immer wieder um tierische Erlebnisse dieser Art: «Bahnhofquai: Schwan fliegt in Tram» – «Hardturm: Auf dem Gleis spaziert eine Gans» – «Werdhölzli: Zwei Ziegen weiden in der Blumenrabatte» – «Höschgasse: Tram wird von jungem Entlein blockiert, das unter dem Wagen sitzt» – «Luchswiesen: Mückenschwarm im Führerstand. Wagen ausgewechselt».

116

BESTECHENDE GESCHENKE

Tod im Treibhaus Erde

Erwärmung der Erde kann neue Seuchen auch zu uns bringen

Die Weltgesundheitsorganisation (WHO) sieht ein Uebergreifen von Tropenkrankheiten auf die gemässigten Zonen voraus, wenn der Treibhauseffekt nicht gestoppt wird. Die zunehmende Erwärmung der Erde könnte künftig Millionen von Menschen das Leben kosten.

In einer 321 Seiten starken Studie warnen drei Fachorganisationen der Uno vor den Folgen einer vom Menschen gemachten Klimaveränderung.

Das Werk der 56 an der Studie beteiligten Wissenschafter liegt den 159 Vertragsstaaten der Klima-Konferenz vor, die in Genf über Massnahmen gegen den Treibhauseffekt berät, der vermutlich durch den Ausstoss von Kohlendioxid und anderen Abgasen verursacht wird.

Schutzengel sind so wichtig wie gute Bremsen

1. Alpenetappe der 83. Tour de France mit furchterregenden Stürzen

Die erste Alpenetappe der 83. Tour de France, die über 200 km von Chambéry nach Les Arcs führte und vom Franzosen Luc Leblanc vor Tony Rominger gewonnen wurde, wird wegen mehrerer furchterregender Stürze in die Geschichte der Frankreich-Rundfahrt eingehen. Die Schutzengel müssen an diesem Tag Ueberstunden geleistet haben, denn die betroffenen Fahrer landeten zwar in Abgründen, aber keiner im Krankenhaus. Am schlimmsten erwischte es den Belgier Johan Bruyneel, der auf der Abfahrt vom Cormet de Roselend in einer Linkskurve geradeaus fuhr und zwischen einer Felswand und einem steinernen Brückengeländer in die Tiefe stürzte, dann aber von einem Baumgipfel vor einem fatalen Karriereende bewahrt wurde. Der Schweizer Alex Zülle stürzte gleich zweimal, kam aber mit Prellungen und Schürfungen davon. Auch er geriet in einer Kurve über die Strasse hinaus, stürzte den Abhang hinunter und entschwand den Blicken der entsetzten Augenzeugen, konnte sich aber an einem Busch wieder auf die Strasse hinaufziehen. Auf dieser schweren Etappe musste der spanische Seriensieger Miguel Indurain von seiner Wolke der Unantastbarkeit herabsteigen. Am Ziel der Tour stand in Paris mit dem Dänen Bjarne Riis, dem Deutschen Jan Ulrich und dem Franzosen Richard Virenque ein Siegertrio auf dem Podest, auf das am Start kein Mensch getippt hätte.

BESTECHENDE GESCHENKE

«Mir fällt nur auf, dass weniger Klamotten verkauft werden, seitdem der Germann im Quartier ist».

Zerstörer oder Retter der Langstrasse?

Seit eine aus Vertretern des Zürcher Stadtrats, der Polizei und der Aktion «Pro Langstrasse-Quartier» bestehende Arbeitsgruppe sich mit den Auswirkungen der Prostitution auf die Lebensqualität im Kreis 4 beschäftigt, führt die Polizei regelmässig Razzien gegen die Auswüchse im Sex-Gewerbe durch, wobei nicht zuletzt die «Lugano Bar» und die darüber liegenden Wohnungen unerwünschten Besuch erhalten. Sehr zum Aerger ihres Besitzers, des 62jährigen Adliswiler Fabrikanten Peter Germann, dem noch weitere Liegenschaften und viele Eigentumswohnungen im Bereich der «Lustmeile» gehören. Er soll rund 300 illegal arbeitenden Gunstgewerblerinnen Wohn- und Arbeitsraum verschafft haben. Während ihn die «Ethiker» als Zerstörer des Quartiers verdammen, sieht er sich selbst als Retter der Langstrasse und als Wohltäter, will er doch viele Drittweltfrauen aus der Misere herausgeholt haben.

BESTECHENDE GESCHENKE

Die Queen sprach ein Machtwort

Charles und Diana einigen sich über ihre Scheidung

15 Jahre nach ihrer Traumhochzeit sind sich der britische Thronfolger Charles und Prinzessin Diana über die Bedingungen ihrer Scheidung einig geworden. Vor dem Familiengericht in London werden die nötigen Formalitäten eingeleitet.

Die einstige Kindergärtnerin aus adeligem Haus wird den Titel «Königliche Hoheit» verlieren und sich künftig nur noch «Prinzessin von Wales» nennen dürfen. Sie erhält eine Abfindung von umgerechnet mindestens 30 Millionen Franken und eine jährliche Apanage von 800 000 Franken. Das Paar hat sich auf ein gemeinsames Sorgerecht für die beiden Söhne William und Harry geeinigt. Nach der offiziellen Trennung im Dezember 1992 hatten die peinlichen Enthüllungen begonnen: Charles gab vor einem Millionenpublikum seinen Ehebruch mit seiner verheirateten Jugendliebe Camilla Parker Bowles zu, Diana gestand ihre Affäre mit dem Kavallerieoffizier James Hewitt. Die Ehe war offenkundig längst im Eimer. Als aber Diana in einem TV-Interview auch noch Zweifel an der Eignung ihres Mannes als König äusserte, sprach die Queen ein Machtwort und drängte zur Scheidung.

Schlechte Post für die Post

Bei der Post geht die Post ab

Radikaler Umbau mit Entmachtung der Kreispostdirektionen

Die Schweizer Post plant unter Führung von Departementschef Jean-Noel Rey die radikalste Reorganisation ihrer 122jährigen Geschichte. Ihre Tätigkeit wird neu in sechs Geschäftssparten gegliedert. Die historisch gewachsenen elf Kreispostdirektionen werden entmachtet und als Marketing-Stützpunkte der Sparte «Netz und Verkauf» zugeordnet. «Change Post» will jährlich bis zu 130 Millionen Franken einsparen.

Die Aufteilung der PTT hat Folgen: Die Post, für deren Defizite während Jahrzehnten die Telefondienste aufkamen, muss selbsttragend werden. Wie viele Arbeitsplätze verschwinden, ist noch offen, doch werden vom Radikalumbau vor allem die insgesamt 2500 Verwaltungsstellen in der Generaldirektion und bei den Kreispostdirektionen betroffen sein.

BESTECHENDE GESCHENKE

Rasende Experten nehmen Prüfungen ab

Zwei Experten des Strassenverkehrsamtes Winterthur mussten für mehrere Monate den Führerausweis abgeben: Die beiden 34- und 35jährigen Männer waren auf privaten Fahrten mit Tempo 150 und 200 (statt der erlaubten 80 km/h) in Radarfallen geraten. Ihr Chef Hans Marti sprach von einem «groben Fehlverhalten». Er sei «fast vom Stuhl gefallen», als er von den Geschwindigkeitsexzessen seiner Angestellten gehört habe. Dennoch nehmen die beiden Temposünder jetzt wieder Prüfungen ab. Sie entscheiden, ob Lernfahrerinnen und Lernfahrer der Verkehrssicherheit die nötige Beachtung schenken und den Führerausweis verdienen. Böcke als Gärtner? Massive Verletzungen der Tempolimiten sollen immerhin eine gravierende Charakterschwäche offenbaren...

«Wir verschätzen uns nur manchmal hin und wieder etwas im Tempo».

Die «Dino–Disco» im Jurakalk

Spektakulärer Fund in der Schlucht von Moutier

In der Gorges du Moutier BE ist dem Paläo–Oekologen Christian A. Meyer ein spektakulärer Fund geglückt: Der Experte für Dinosaurier-Spuren stiess auf einer 5000 m² grossen Kalksteinplatte auf 2000 gut sichtbare Brontosaurier-Fussabdrücke. Der Fund gilt als dichtester Fährtenbestand weltweit.

«Der Fels ist unglaublich dicht mit Spuren übersät», erklärte Meyer. «Es ist wie in einer Dino-Disco». Die Abdrücke, zwischen 60 und 140 cm lang, stammen von pflanzenfressenden Brontosauriern. Die grössten dieser Urviecher waren zwischen 20 und 35 Metern lang.

«Wenn ich nicht mit eigenen Augen gesehen hätte, dass meine Eltern abgereist sind, würde ich jetzt behaupten, die Dinosaurier verfolgen jeden meiner Schritte».

BESTECHENDE GESCHENKE

Doles Alter wird zum Wahlkampfthema

Nicht mehr zu geniessen, dieser Jahrgang

Gewinnt der republikanische Kandidat Bob Dole die amerikanischen Präsidentschaftswahlen, wird der Ex-Senator als bisher ältester Präsident ins Weisse Haus einziehen. Im Wahlkampf feierte er seinen 73. Geburtstag, ein Anlass, den er am liebsten stillschweigend übergangen hätte, denn sein Alter ist zum Wahlkampfthema geworden.

Laut einer Umfrage glaubt ein Drittel aller US-Bürger, dass Dole zu alt für das Amt des US-Präsidenten wäre. Vor allem sind es interessanterweise die Wahlberechtigten aus seiner eigenen Weltkrieg-II-Generation, die Vorbehalte anbringen. Um ihnen zu begegnen, liess Dole den Medien seine medizinischen Atteste zukommen, die bescheinigen, dass er bei guter Gesundheit ist. Sein Cholesterinspiegel sei sogar besser als derjenige des 23 Jahre jüngeren «Titelverteidigers» Bill Clinton, scherzte Dole, der die Frage seines Alters auf ihre medizinische Dimension reduzieren möchte.

Konsumenten steigern Produktivität

«Da verstehe einer die Konsumentinnen! Wir wollen doch nur ihr Bestes».

Die «wachsende Konsum-Unlust» einmal anders gesehen

Seit Monaten wird in den Medien über die «anhaltende Konsumflaute» geklagt und darüber gejammert, dass sich die «fehlende Kauflust» der Konsumentinnen und Konsumenten mittlerweile zu einer eigentlichen «Kaufsverweigerung» gesteigert habe. Dabei haben sie bloss vom produzierenden Teil der Wirtschaft gelernt: sie sind effizienter geworden und haben ihre Produktivität gesteigert. Das Mehr der immer effizienter erzeugten Güter und Dienstleistungen konnte bisher nur abgesetzt werden, weil die Kundschaft unproduktiver konsumierte. Jetzt vollziehen auch die Konsumenten, was ihnen die Industrie schon lange vormacht. Nun bleibt sie auf ihren Produkten sitzen, und von den Bauunternehmern über die Autofabrikanten bis hin zu den Fleischproduzenten reiben sich alle die Augen: so haben sie das nicht gemeint, als sie die Steigerung von Effizienz und Produktivität predigten...

BESTECHENDE GESCHENKE

Unwissenheit und Missverständnisse

In Zürcher Haushalten leben Hunderttausende von Heimtieren

In 52 Prozent aller Schweizer Haushalte leben Heimtiere. Allein im Kanton Zürich sind es fast 55 000 Hunde, zwischen 100 000 und 200 000 Katzen. Kaninchen, Meerschweinchen, Hamster, Chinchillas, Schlangen, Ratten, Mäuse, Käfigvögel und Aquarienfische machen mehrere hunderttausend aus, genaue Zahlen kennt niemand. Auch ist unbekannt, wievielen dieser Tiere es schlecht geht, denn ein Schutz ist kaum gewährleistet. Oft folgt auf den Spontankauf das Käfigelend. Die Tierärzte begegnen immer wieder ratlosen Heimtierhaltern und verstörten Heimtieren – die Folge von Unwissenheit und Missverständnissen.

BESTECHENDE GESCHENKE

An sich und der Schweiz gescheitert

Der SFV trennt sich von Nationaltrainer Artur Jorge

Was sich viele wünschten und herbeischrieben, ist einigermassen überraschend Tatsache geworden: Der Schweizer Fussballverband trennt sich von seinem Nationaltrainer Artur Jorge. Der 50jährige Portugiese wird aus seinem bis Mitte 1998 gültigen Vertrag entlassen und wird neuer Coach der portugiesischen Nationalmannschaft.

Der introvertierte, über einen bemerkenswerten Leistungsausweis verfügende Portugiese wurde mit der Schweizer Nationalmannschaft, der Schweizer Oeffentlichkeit und ihrer Mentalität nicht glücklich. Der schnauzbärtige Gelegenheitsdichter ist nicht zuletzt an seiner mangelnden Kommunikations- und Anpassungsfähigkeit gescheitert. Er hatte das Erbe der glorifizierten Hodgson-Aera anzutreten, die viele Probleme hinterliess, wie das enttäuschende Abschneiden der Rotjacken an der EM-Endrunde in England manifestiert hat.

Die Luft ist draussen

Reys Auslieferung rückt näher

Der flüchtige Pleitier wehrt sich mit allen Rechtsmitteln

Der flüchtige Financier Werner K. Rey soll von den Bahamas an die Schweiz ausgeliefert werden. Ihren just am Bundesfeiertag gefällten provisorischen Entscheid wandelte die erstinstanzliche Richterin Carolita Bethel sechs Wochen später in ein definitives Urteil um. Aber der Pleitier will alle Rechtsmittel ergreifen, um einer erzwungenen Heimreise zu entgehen.

Die Richterin entschied, die im 4236 Seiten umfassenden Auslieferungsgesuch gegen Rey vorgebrachten Anschuldigungen würden die Durchführung eines Schweizer Gerichtsverfahrens wegen gewerbsmässigen Betrugs, Falschbeurkundungen und Konkursdelikten rechtfertigen. Rey, der mit seiner Omni-Pleite in der Schweiz ein Schuldenloch von über vier Milliarden Franken hinterlassen hat, ist seit März 1996 in einem Gefängnis ausserhalb von Nassau inhaftiert. Seine Haftentlassungsgesuche wurden abgewiesen.

Liebe Grüsse zum 1. August

BESTECHENDE GESCHENKE

Null Problemo

Ogi unterwegs zum Olymp

Ein Bundesrat im Internationalen Olympischen Komitee?

Unter den Prominenten, die nach Atlanta flogen, um Olympia ihre Reverenz zu erweisen, war auch EMD-Chef Adolf Ogi. Der Berner Bundesrat kam nicht bloss zum Zuschauen und Händeschütteln, er führte mit dem IOK-Präsidenten Juan Antonio Samaranch «ein hochinteressantes Gespräch». Zuvor war der Spanier von den 105 IOK-Mitgliedern ermächtigt worden, weitere Persönlichkeiten seiner Wahl in das erlauchte Gremium zu berufen. IOK-Vizepräsident Marc Hodler war zur Wette bereit: «Nächstes Jahr wird Adolf Ogi ins IOK aufgenommen». Der sportbegeisterte Magistrat will den Entscheid dem Gesamtbundesrat überlassen. 1990 war ein erster Anlauf am Einspruch von Otto Stich gescheitert, der die IOK-Mitgliedschaft eines amtierenden Bundesrates für sehr problematisch gehalten hatte.

«Zu Beginn will ich noch einmal betonen, liebe Sportlerinnen, liebe Sportler:
Es geht nur um die olympischen Ringe, und nur um die Ringe».

Atlanta – die Spiele der Rekorde

Atlanta, Hauptstadt des US-Bundesstaats Georgia und Metropole des weltweiten Coca-Cola-Imperiums, erlebte hundert Jahre nach den ersten Olympischen Spielen moderner Zeitrechnung in Athen bei der 26. Auflage die grössten und kommerziellsten Sommerspiele der Sportgeschichte: Noch nie hatten so viele Wettkämpfer und Athletinnen in so vielen Disziplinen um Gold, Silber und Bronze gekämpft, wobei die Frauen unter den 10 807 Olympioniken mit einer bisher nie erreichten Quote von 35 Prozent vertreten waren. Das Schweizer Team holte sich überraschend viele Medaillen: Olympiasieger wurden die Ruderer Xeno Müller im Skiff und die Rorschacher Markus und Michael Gier im Doppelzweier, der aus China stammende Luzerner Donghua Li am Pferdpauschen und der Waadtländer Radrennfahrer Pascal Richard im Strassenrennen, Silbermedaillen gewannen der Neuendorfer Springreiter Willi Melliger mit dem Schimmel Calvaro, der Zürcher Oberländer Mountainbiker Thomas Frischknecht und der Kajak-Vierer Daniela Baumer-Sabine Eichenberger–Gabriela Müller-Ingrid Haralamowa. Das vollmundige Versprechen der Organisatoren «Atlanta wird in diesem Sommer der sicherste Ort der Welt sein», wurde von der grausamen Wirklichkeit Lügen gestraft: 24 Jahre nach München wurden die Olympischen Spiele zum zweiten Mal von einem Terrorakt heimgesucht. Im Centennial Park, dem pulsierenden Herzen der Olympiastadt, explodierte während eines Rockkonzertes ein Sprengsatz, wobei zwei Menschen getötet und 111 verletzt wurden – der traurige Beweis, dass auch 35 000 Sicherheitsleute ein solches Verbrechen nicht verhindern können.

«Chef, soll ich zwischendurch mal einen Athleten auf Sendung geben oder stört der vielleicht?»

Traurige Rauchzeichen aus Atlanta

BESTECHENDE GESCHENKE

Im leichten Doppelzweier überraschten die Schweizer mit einer neuen Technik…

BESTECHENDE GESCHENKE

BESTECHENDE GESCHENKE

Clinton: «Die verblüffendste Entdeckung der Menschheit»

Forscher glauben, dass es Leben auf dem Mars gab

US-Präsident Bill Clinton hat amerikanisch-kanadische Forschungsergebnisse über Lebensspuren vom Mars mit viel Pathos als die «verblüffendste Entdeckung der Menscheit überhaupt» gefeiert.

Auf dem roten Planeten hat es möglicherweise eine primitive Form von Leben gegeben – vor mehr als drei Milliarden Jahren. Beweisstück ist ein 4 1/2 Milliarden Jahre alter Meteorit mit der Bezeichnung ALH84001, der vom Mars auf die Erde geschleudert wurde. Auf dem Marsbrocken fanden sich organische Verbindungen, die Stoffwechselprodukte ausgestorbener Kleinstlebewesen sein könnten. Von dieser Interpretation, die im Hauptquartier der Raumfahrtbehörde NASA der Weltöffentlichkeit bekanntgegeben wurde, sind allerdings nicht alle Fachleute so überzeugt wie Präsident Clinton.

Baron von Whitehousen

BESTECHENDE GESCHENKE

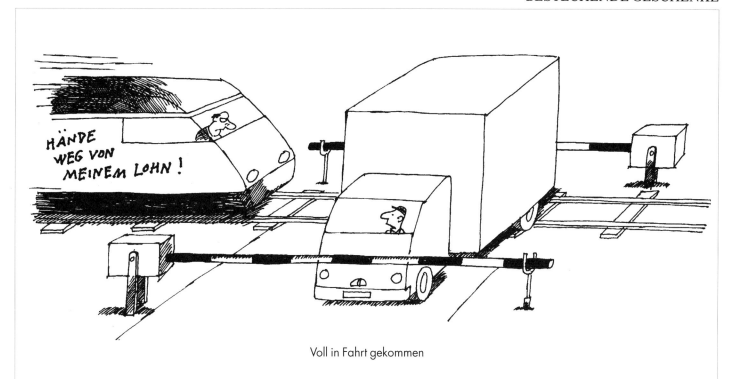

Voll in Fahrt gekommen

Protest am Gotthard statt Streik?

Eisenbahner demonstrieren gegen Lohnkürzungen

Als «nicht verhandelbar» erklärte ein ausserordentlicher Kongress des Schweizerischen Eisenbahnerverbandes (SEV) den von der SBB-Generaldirektion präsentierten Vorschlag, die Löhne des SBB-Personals 1997 um zwei bis vier Prozent zu kürzen und bis zum Jahre 2000 einzufrieren.

An einer anschliessenden Kundgebung auf dem Bundesplatz kritisierten SEV-Präsident Charly Pasche und SP-Präsident Peter Bodenmann das Projekt eines Lohnopfers als «volkswirtschaftlich völlig falsches Signal», da Lohneinbussen die Krise der Binnenwirtschaft weiter verschärfen würden. Als Kampfmassnahmen wurden Streiks vorläufig abgelehnt, jedoch sollen Strassenblockaden am Gotthard aus Protest gegen die «schmutzige Konkurrenz» der Lastwagen ins Auge gefasst werden.

Konflikt um die Stadt Mostar ist geschlichtet

Moslems und Kroaten einigten sich in letzter Stunde

Zähe Verhandlungen und mehrere Ultimaten haben Erfolg gezeitigt: Moslems und Kroaten haben sich unter dem Druck der EU in letzter Stunde auf die Bildung einer Stadtregierung verständigt. Der Streit in der geteilten Stadt ist zum Testfall für den Friedensprozess in ganz Bosnien geworden.

Die Einigung kam nach heftigen Auseinandersetzungen zustande. Die Europäische Union hatte wegen der Krise mit ihrem Rückzug aus der herzegowinischen Stadt gedroht, die sie seit zwei Jahren verwaltet und in die sie bisher über 300 Millionen Franken investiert hat. Ueberraschend einigten sich auch in Athen die Präsidenten Serbiens und Kroatiens, Slobodan Milosevic und Franjo Tudjman, auf die gegenseitige diplomatische Anerkennung ihrer Staaten.

Am Spieltisch der Politik

BESTECHENDE GESCHENKE

Neu gebaut – schon bald überlastet?

Diskussion um die neue Schaffhauser A-4-Stadtautostrasse

Schaffhausen ist vom Durchgangsverkehr weitgehend entlastet: Der Verkehr rollt jetzt auf der neuen Stadtautostrasse A 4 unter der Munotstadt hindurch und an vier Dörfern im Zürcher Weinland vorbei. Zwei Tunnels und eine elegante neue Rheinbrücke bilden das fast 700 Millionen Franken teure Bauwerk. Verkehrsexperten der ETH Zürich halten es allerdings für eine Fehlplanung: Der Entscheid für eine zweistreifige, nicht richtungsgetrennte Nationalstrasse sei falsch gewesen, sie werde von Anfang an überlastet sein. Der Schaffhauser Baudirektor Ernst Neukomm versuchte demgegenüber Befürchtungen zu zerstreuen, dass die A 4 schon bald wieder zum Nadelöhr werde.

Planer im Zürcher Weinland

Neue Ehe zwischen Film und Fernsehen

Am Rande des Filmfestivals von Locarno wurde der «Pacte de l'audiovisuel» unterzeichnet, der das Verhältnis zwischen dem Schweizer Fernsehen und dem freien Filmschaffen regeln soll. Der scheidende SRG-Generaldirektor Antonio Riva erhöhte den Betrag von 6,2 Millionen Franken, mit denen das Fernsehen Filme koproduziert, auf jährlich 9,3 Millionen Franken.

Der Pakt war nach einjährigen, zähen Verhandlungen zustande gekommen. Er regelt die Aufteilung der vorerst für eine Dauer von drei Jahren gesprochenen Mittel. Das Fernsehen, lange Jahre der Feind Nummer 1 für das Kino, hat sich europaweit längst zum wichtigsten Partner entwickelt: Ohne die Beteiligung von TV-Sendern entsteht heute kein halbwegs normal dotierter Film mehr.

«'Versöhnte Rivalen', die erste».

BESTECHENDE GESCHENKE

Der Geist ist willig

Schon jetzt höhere Mehrwertsteuer für die AHV?

Bundesrat droht mit einer Schweizer Erfindung

Der Bundesrat erwägt, die Bundeshilfe an die AHV ab 1997 zu plafonieren und dafür die im Prinzip schon beschlossene Anhebung der Mehrwertsteuer zugunsten der AHV vorzuziehen. Für die beschlossene Einsparung von 1,3 Milliarden Franken müssten auch die Arbeitslosenversicherung und die Landwirtschaft Opfer bringen.

Sollte das Kürzungsziel nicht erreicht werden, will die Landesregierung die restliche Einsparung über eine Kreditsperre erzwingen, die nach den Ausführungen von Finanzminister Kaspar Villiger eine Schweizer Erfindung ist. 1993 hatte das Schweizer Stimmvolk eine Verfassungsbestimmung gutgeheissen, wonach die Mehrwertsteuer zur Sicherung der AHV- und IV-Renten um bis zu einem Prozent angehoben werden kann. Die Finanzexperten des Bundes gingen damals allerdings von der Voraussetzung aus, dass diese Quelle erstmals im Jahr 2000 angezapft werden müsse.

BESTECHENDE GESCHENKE

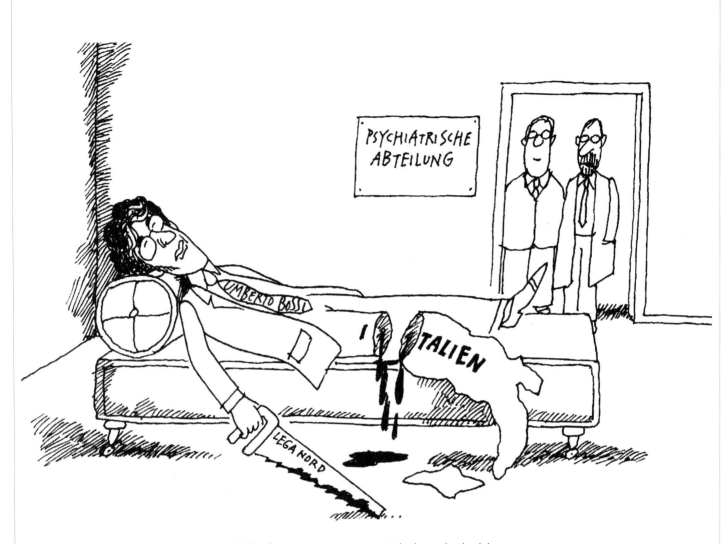

«Ich habe ihn immer gewarnt, er würde das nicht überleben».

Separatist Bossi einigt Italien

Der Lega-Nord-Chef ruft die Republik «Padanien» aus

126 Jahre nach der Einigung Italiens will Umberto Bossi, der Führer der Lega Nord, das Rad der Geschichte zurückdrehen: An der Po-Mündung hat er pathetisch die Gründung der Republik «Padanien» proklamiert. Damit hat er Erstaunliches bewirkt: Der Separatist einigt Italien. Der Zahl jener Italiener, die an Kundgebungen für die «Unità d'Italia» teilnahmen, war bedeutend grösser als jene seiner Anhänger, die entlang des «Grenzflusses» Po eine Menschenkette bilden sollten.

Seit sich bei den letzten Parlamentswahlen zehn Prozent der Wählerinnen und Wähler für die Lega Nord entschieden, ist das von Umberto Bossi angestimmte Lied der Separation immer schriller geworden. Er schwört, dass noch vor dem Jahr 2000 Padanien unabhängig sein werde von der Bevormundung des «kolonialistischen Roms» und unabhängig vom «Armenhaus des Südens, diesem Klumpfuss». Als Irene Pivetti, vormalige Präsidentin des Abgeordnetenhauses und strenggläubige Katholikin, Bossi mahnte, die Lega habe sich bloss auf föderalistische Prinzipien, aber nicht auf die Trennung Norditaliens vom Gesamtstaat festgelegt, wünschte sich ihr Parteichef die «Verräterin» baldmöglichst «als Leiche in den Vatikan».

Lohnopfer des SBB-Personals leicht abgefedert

Bundesrat beschliesst Massnahmenpaket zur Sanierung

Enttäuscht und empört haben Vertreter des SBB-Personals auf den Entscheid des Bundesrates reagiert, ihm ein sozial etwas abgefedertes Lohnopfer zur Sanierung der Staatsbahnen abzuverlangen.

Konkret will der Bundesrat dem Parlament in einem dringlichen Bundesbeschluss beantragen, die Lohnsenkung auf höchstens 1,5 Prozent zu beschränken und die 2500 schlechtestbezahlten SBB-Mitarbeiter davon auszunehmen. Zusammen mit weiteren kurzfristig wirksamen Massnahmen dürfte das Lohnopfer die SBB–Rechnung in den nächsten drei Jahren um je 200 bis 300 Millionen entlasten. Ihm stimmte nun auch Verkehrsminister Moritz Leuenberger zu, der zuvor gegen höhere lineare Kürzungen aufgetreten war.

«Auch wenn die Löcher etwas kleiner sind: Die Note ist entwertet».

Jelzin unterstützt Lebeds Friedensplan für Tschetschenien

Nach einem acht Wochen dauernden Schweigen hat sich der herzkranke russische Präsident Boris Jelzin hinter seinen Sicherheitsberater Alexander Lebed gestellt und erstmals öffentlich dessen Friedensplan für Tschetschenien unterstützt. Er betonte zugleich, trotz seiner bevorstehenden Operation sei es noch zu früh, in Russlands Amtsstuben das Porträt des Präsidenten auszuwechseln.

Ex–General Lebed, von Jelzin mit der Lösung des Tschetschenien-Konflikts beauftragt, hatte als geradliniger Militär rasch eine gemeinsame Sprache mit den Rebellen gefunden und mit ihren militärischen und politischen Führern einen Friedenspakt geschlossen. Als Hauptverantwortlichen für das 21 Monate dauernde Gemetzel im Kaukasus, dem nach seiner Aussage 80 000 Menschen zum Opfer gefallen sind, hatte der allen Kreml-Machtspielen abholde Lebed den russischen Innenminister General Anatoli Kulakow geortet und seine Entlassung gefordert. Jelzin beliess Kulakow jedoch im Amt und forderte Lebed auf, Konflikte innerhalb der Regierung nicht mehr an die Oeffentlichkeit zu tragen.

«Doktor Lebed, ich bin immer noch Ihr Chef, und ich will wissen, wer ihr neuer Assistent ist».

BESTECHENDE GESCHENKE

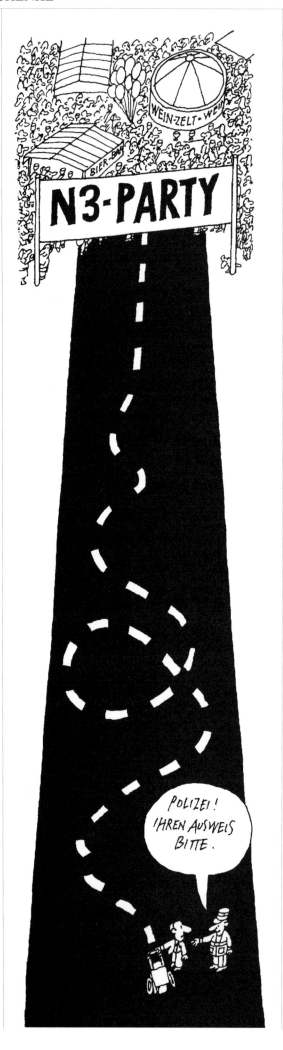

«Die längste Party der Welt» überrannt

Chaotische Verhältnisse am Autobahnfest im Aargau

Bevor das 13 Kilometer lange Teilstück Frick–Birrfeld der A 3 dem Verkehr übergeben wurde, gehörte es noch einmal den Velofahrern, Inline-Skatern und Fussgängern. Gegen hunderttausend Menschen kamen zum Autobahnfest, das mit über 70 Beizen, bekannten Musikgruppen und einem Open-Air-Kino als «längste Party der Welt» angekündigt worden war. Der Zustrom nahm zeitweise so beängstigende Ausmasse an, dass das Festgelände bei Lupfig im Chaos zu versinken drohte, so dass die Eingänge geschlossen und die Zufahrten grossräumig abgesperrt werden mussten. Gefährliche Situationen gab es, als heimkehrende Automobilisten versuchten, über den noch geschlossenen Anschluss auf die A 1 zu gelangen, dabei aber als Geisterfahrer auf die falsche Fahrbahn gerieten.

BESTECHENDE GESCHENKE

Höhere Hürden für die Volksrechte

Mehr Aufwand für die Unterschriftensammler

Die Unterschriftenzahl für Volksinitiativen soll von 100 000 nur auf 150 000 erhöht werden. Diesen Grundsatzentscheid hat der Bundesrat zur Totalrevision der Bundesverfassung getroffen. Eine Verdoppelung des Quorums – von 50 000 auf 100 000 – ist nur noch für das Referendum vorgesehen.

In der umstrittenen Frage der Unterschriftenzahlen für ausformulierte Verfassungsinitiativen hat der Bundesrat zurückbuchstabiert. Justizminister Arnold Koller erklärte, der Bundesrat halte am Prinzip der Erhöhung fest, wolle aber etwas weniger weit gehen als ursprünglich vorgesehen. Er strebe ein «ausgewogenes Gesamtpaket» an, ein Gleichgewicht zwischen Ausdehnungen und Einschränkungen der Volksrechte. Nur so könne die direkte Demokratie funktionsfähig erhalten und die Handlungsfähigkeit des Staates für die Zukunft gesichert werden.

Clinton erklärt die Zigarette zur Droge

«Denkt daran: Alles, was wir masslos geniessen, wird zur bösen Sucht».

Schlag des US–Präsidenten gegen die Tabakindustrie

Die Rauchverbote in den 80er Jahren waren in den USA das Startsignal für einen eigentlichen Feldzug gegen die Tabakindustrie, der mit allen politischen und gerichtlichen Mitteln geführt wird. Nun hat Präsident Bill Clinton Nikotin offiziell zur Droge erklärt.

Dieser Schritt zielt darauf ab, im Kampf gegen die Suchtgefahren mit drastischen Einschränkungen bei Werbung und Verkauf vor allem den Zigarettenkonsum der Jugendlichen einzudämmen. Den Herstellerfirmen wird vorgeworfen, die Gefahren des Rauchens zu verharmlosen. Das Engagement Clintons in der neuen Anti-Nikotin-Kampagne lässt vermuten, dass ihm ein populäres Wahlkampfthema in die Hand gespielt werden soll: «Rauchen ist das schlimmste Gesundheitsproblem».

BESTECHENDE GESCHENKE

Das Fussball–Debakel von Baku

Schlechter Start des neuen Nationaltrainers Rolf Fringer

Auf ihrem seit langem anhaltenden Sinkflug hat die Schweizer Fussball-Nationalmannschaft die Talsohle erreicht: Im ersten Qualifikationsspiel für die 1998 in Frankreich stattfindende Weltmeisterschaft kassierte sie unter ihrem neuen Coach Rolf Fringer in Baku gegen den krassen Aussenseiter Aserbeidschan eine blamable 1 : 0 Niederlage.

Die Berufung des in den Diensten des VfB Stuttgart stehenden Oesterreichers Rolf Fringer zum Nachfolger des frustriert in seine portugiesische Heimat zurückgekehrten Artur Jorge war geradezu euphorisch begrüsst worden. Aber sein Debut ging in die Hose. Seine in einem Luxus-Jet in Baku eingeflogenen und überheblich ins Stadion gekommenen Stars standen als egoistische Grossverdiener auf dem Spielfeld herum. Sie liessen jeden Mannschaftsgeist und jede Leidenschaft vermissen, welche ihre Gegner auszeichneten, die nach einem herrlich herausgespielten Tor ihren ersten Sieg auf internationaler Ebene feiern konnten. Es passte ins Gesamtbild, dass der Spieler Murat Yakin einen den Rotjacken vom polnischen Schiedsrichter grosszügig zugestandenen Elfmeter verschoss, der die peinliche Leistung etwas geschönt hätte. Sie konnten auch mit 4 Minuten Nachspielzeit nichts Gescheites anfangen.

«Johann, warten Sie hier 94 Minuten. Ich muss nur schnell ein Spiel gewinnen».

BESTECHENDE GESCHENKE

Nur die Beste war gegen Martina gut genug

Erst Steffi Graf konnte sie im US-Open-Halbfinal stoppen

Der Höhenflug des Jungstars Martina Hingis beim US Open in Flushing Meadows konnte erst im Halbfinal gestoppt werden. Die Weltranglisten-Erste und Titelverteidigerin Steffi Graf musste nach fünf verpassten Satzbällen der noch nicht 16jährigen Ostschweizerin erstklassiges Tennis zeigen, um sich 5 : 7, 3 : 6 durchzusetzen.

Martina Hingis, die nicht zufällig den gleichen Vornamen wie der frühere Weltstar Martina Navratilova trägt und auch in den Doppelwettbewerben des US Open brillierte, hatte auf dem Weg in den ersten Grand-Slam-Halbfinal ihrer Karriere die Top-ten-Spielerinnen Arantxa Sanchez und Jana Novotna geschlagen. Das schönste Geschenk zu ihrem 16. Geburtstag machte sich die Trübbacherin selbst: den Vorstoss in die Top-ten.

«Die Kleine will doch nicht etwa schon Weltmeisterin im Racketverschleiss werden…?»

Hans Kurt Studer

Hans K. Studer hat zwischen 1980 und 1996 alle 12 Sammelbände mit Nico-Karikaturen zur Zeitgeschichte getextet. 1925 in St. Gallen geboren, arbeitete er von 1946 bis 1961 als Redaktor bei den Zürcher Bildpresse-Agenturen ATP und Photopress. Danach hat er dreissig Jahre als Auslandredaktor, Bildredaktor und Leiter des Ressorts «Frontseite und Reportagen» Inhalt und Gesicht des «Tages-Anzeigers» mitgeprägt. Von 1956 bis 1961 war er zudem Redaktor der deutschsprachigen Ausgabe der «Weltrundschau» und von 1962 bis 1971 Chefredaktor dieses internationalen Jahrbuchs sowie Herausgeber der Werke «J. F. Kennedy – Mensch und Staatsmann» und «Tschechoslowakei August 68».